ガイドライン
自分でできる心理学

宮沢秀次・二宮克美・大野木裕明 ◉編

ナカニシヤ出版

は し が き

　近年，多くの大学において，半期で単位認定する科目が設置されるようになった。従来は心理学あるいは心理学入門といった通年科目が半期の科目に分割されて開講されている。そのため，大学あるいは担当者によって，半期の心理学科目名や内容はまちまちになっている様子もうかがえる。

　通常，ある科目について，大学での授業は週1回である。学生にとっては，1回の講義があるテーマにしたがってまとまっていると理解しやすいだろう。最近盛んにFD（教授団の能力開発）ということがいわれる。その一環として，シラバス（授業概要）の充実や教授法の向上があげられる。特にシラバスは，Web上で閲覧できたり，CDや冊子で配布されている。そこでは，1回ごとの授業テーマや内容が示されるようになっている。これらのことを考えると，テキストには，授業担当者の裁量が生かせるようなものが望まれる。

　本書は，1回の授業で1章あるいは2章を紹介できるように，章立てを工夫した。さらに，福祉系や医療看護系の学部が増えていることをふまえ，その臨床現場で必要な心理学の基礎内容を盛り込むようにした。また，コラムや課題，著名な心理学者欄を用意することによって，授業時間を調整できるようにしてある。それぞれの章は必ずしも講義順序を表しているものではないので，半期の講義内容にしたがってかなり自由に組み合わせることができる。学生にとっては，それぞれの章の分量がそれほど多くなくまとめられているので，勉強しやすいであろう。課題もいくつか取り入れてあるので，自分で取り組んでみるのもよいだろう。

　最後になったが，「自分でできる心理学」シリーズのテキスト編である本書の出版にあたって大変お世話になったナカニシヤ出版の中西健夫社長，宍倉由高編集長にお礼を申し上げたいと思う。

2004年3月　編者一同

目　　次

はしがき　*i*

1章　心理学とは ································· 1
  1. 心理学の始まり　1
  2. 現代心理学の広がり　2
  3. 心理学の研究法　3

2章　行動の基礎 ································· 5
  1. 神経生理学的な基礎　5
  2. 脳・神経系の基本的なしくみ　6

3章　感覚・知覚のしくみ ························· 9
  1. 感覚と知覚　9
  2. 刺　激　10
  3. 順　応　10
  4. 知覚の体制化　11
  5. まとまりの法則　12
  6. 恒常性　13

4章　知覚の諸相 ································ 14
  1. 錯　視　14
  2. 空間の知覚　14
  3. 運動の知覚　16
  4. 知覚に影響する諸要因　17

5章　新しく学ぶ …………………………………………… 19
　1. 動物としての人間　19
　2. レスポンデント条件づけ（古典的条件づけ）　20
　3. オペラント条件づけ（道具的条件づけ）　21
　4. 観察学習　22
　5. 現実の学習方法　23

6章　覚えるしくみ …………………………………………… 24
　1. 記憶のしくみ　24
　2. 記憶のシステム　24
　3. ワーキングメモリ ―最近の動向から―　28

7章　日常的な記憶 …………………………………………… 29
　1. 忘　却　29
　2. 記憶のゆがみ　30
　3. 日常生活にあらわれる記憶の特徴　32

8章　やる気と行動 …………………………………………… 34
　1. 欲求とやる気　34
　2. 社会的な動機　36
　3. 欲求どうしの関係　36
　4. 動機づけの認知過程　38

9章　迷うこころ ……………………………………………… 40
　1. コンフリクト　40
　2. フラストレーション　41
　3. 防衛機制　42
　4. ストレス　43

10章　喜怒哀楽 ……………………………………………… 45
1. 感情発生のメカニズム　45
2. 感情の誘発因　46
3. 感情の分類　47
4. 感情の表出　48

11章　個性があらわれる ……………………………………… 50
1. パーソナリティとは　50
2. パーソナリティの記述　51
3. パーソナリティの一貫性　54

12章　パーソナリティを調べる ……………………………… 55
1. パーソナリティを調べる方法　55
2. 質問紙法　55
3. 投影法　56
4. 作業検査法　58

13章　精神的健康（メンタルヘルス）………………………… 59
1. 精神的健康（メンタルヘルス）　59
2. パーソナリティの正常と異常の基準　60
3. 人格障害　60
4. 神経症　61
5. 躁うつ病（気分障害）　62
6. 統合失調症　62
7. 情緒障害　62

14章　自分を知る ………………………………………………… 66
1. 自分とは何か　66
2. 自分をみる　68

3. 自分の知らない自分　70

15章　知の働き……………………………………………………72
　1. 心理学からみた知能　72
　2. 個人の知的な問題解決の過程　74

16章　知の障害……………………………………………………77
　1. 痴　呆　77
　2. 知的障害　79

17章　育つ道筋……………………………………………………82
　1. 発　達　82
　2. 幼児の発達における特徴　82
　3. 発達段階と発達課題　83
　4. 遺伝－環境論争　85
　5. 発達に及ぼす影響の方向性　86

18章　思考・ことばの発達………………………………………87
　1. 思考の発達　87
　2. 思考の発達段階　88
　3. ことばの働き　88
　4. ことばの発達過程　89

19章　社会性の発達………………………………………………91
　1. 親子関係　91
　2. 仲間・友人関係　94
　3. 社会的スキル　95

20章　思いやるこころ …… 96
1. 思いやりとは　96
2. 「思いやり」行動　97
3. 「思いやり」行動についての判断の発達　98
4. 道徳性　98
5. 道徳性の発達過程　99
6. 思いやりに関連する要因　99

21章　自我の発達 …… 101
1. エリクソンの理論　101
2. 青年期のアイデンティティ　102
3. 青年期以降のアイデンティティ　105

22章　人を知る …… 106
1. 対人認知とは　106
2. 対人認知の手がかり　106
3. 印象形成　107
4. 暗黙裡のパーソナリティ理論　108
5. 対人関係の認知　108

23章　魅力ある人 …… 110
1. 空間的近接性　110
2. 環境条件　111
3. 身体的魅力　111
4. 類似性　112
5. 他者からの評価　112
6. 自分の心理的状態　113
7. 好ましい性格　113

24章　態度が変わる …… 115

1. 態度とは　115
2. 態度変容　116
3. 態度変容への抵抗　118

25章　人と集う …… 119

1. 他者の存在の影響　119
2. 集団とは　119
3. 集団の分類　120
4. 集団の構造　120
5. 集団の性質　121

26章　役割を担う …… 124

1. 社会的役割　124
2. 社会的役割の獲得メカニズム　124
3. リーダーの特性　125
4. リーダーシップ　126
5. 性役割　126
6. 家庭での役割　128

27章　大衆のこころ …… 129

1. 普及過程　129
2. 流　行　130
3. 群集行動　131
4. 群集行動への同調　132
5. 流　言　133

【課題】 …… 135

1. 判断推理　136

2. 今のあなたはどんな気持ち？　138
　　3. 自分を知ろう　140
　　4. タブー・ゾーンを調べよう　142
　　5. 他者との距離を調べてみよう　144

【文献】..146

【索引】..157

【コラム】
　　1. 心理関係の資格　x
　　2. ヘンダーソンの要求理論　37
　　3. メンタルヘルスの診断基準　64
　　4. 日本の主な心理学関連の学会のホームページ・アドレス　114
　　5. 心理学で使う統計　134
　　6. 社団法人日本心理学会倫理綱領　155

【著名な心理学者】
　　スキナー　13　　　　　フロイト　65
　　バンデューラ　23　　　ユング　81
　　マズロー　39　　　　　ピアジェ　90
　　レヴィン　44　　　　　エリクソン　105
　　ロジャーズ　63　　　　オルポート　123

心理関係の資格

　心理学科や心理学部が次々と誕生し，心理学についての関心が高まっている。大学で心理学を学び，また大学院で心理学を専攻することによって，心理学関係の資格が得られる。次に代表的ないくつかを紹介する。

1. 臨床心理士　問い合わせ先　㈶日本臨床心理士資格認定協会
　URL：http://www4.ocn.ne.jp/~jcbcp/　国家資格ではないが，文部科学省のスクールカウンセラー事業や病院などで活躍中のメジャーな資格である。協会認定の指定大学院（修士課程）に進学し，学修後に資格試験を受ける。

2. 認定心理士　問い合わせ先　㈳日本心理学会
　心理学を学んだ人に対して日本心理学会が認定している基礎資格である。心理学関係の大学卒業程度を想定している。

3. 学校心理士　問い合わせ先　「学校心理士」認定運営機構
　日本教育心理学会など5学会が基礎となり，心理教育援助サービスを行う人に対して認定している資格である。大学院修士課程程度を対象としている。

4. 臨床発達心理士　問い合わせ先　臨床発達心理士認定運営機構
　児童相談所，教育センター，リハビリセンターなどで働く人の心理職資格として想定している。大学院修士課程程度だが2010年までは現職者向けに経過措置がある。

　心理学に関する各種の資格や，学べる学部・大学院，就職情報などは以下に詳しくまとめられている。
　1)『心理学ワールド』（第6号，1999年7月15日号）　日本心理学会
　2) 海保博之　2003　心理学ってどんなもの　岩波書店（岩波ジュニア新書）
　3) 三木善彦・瀧上凱令・橘英弥・南徹弘　2003　心理の大学・大学院　朱鷺書房

心理学とは

1. 心理学の始まり

　心理学は英語でPsychologyというが，これはギリシア語（ローマ語）のPsyche（プシケ，心）とLogos（論理）の合成語からきている。プシケとは，霊魂，心を人格化したものであり，蝶の羽を付けた美少女の姿をとるという。このような語源をもつ心理学は，心を扱う学問をめざしている。

　ドイツの生理学者ヴントは，1874年に『生理学的心理学』を著し，5年後の1879年にライプチッヒ大学に心理学実験室を創設した。アメリカでも，その数年前に，ウイリアム・ジェームズが心理学の実験室を構想し，1890年にハーヴァード大学での講義をまとめた『心理学原理』を出版した。この2人が今日の科学的な心理学の源とされている。

　心理学は1900年代から急速に発展し，ヨーロッパではウェルトハイマーらのゲシュタルト心理学，アメリカではワトソンらの行動主義心理学，ロシア

表1-1　プシケとエロスの物語（心理学の起源）

　ローマ神話・ギリシア神話にあらわれる性愛の神エロス（アモール）は，幼名がクピト（キューピット），母親は美の神アプロディテ（ヴィーナス）である。これにちなんだ2世紀のローマの詩人アプレイウスの変身物語（黄金のろば）はよく知られていて，エロス（性愛）とプシケ（心，魂）の結びつきを表現している。
　エロスは娘プシケ（サイキ）に恋をして，夜ごとに娘プシケに会いに来るが，やがて娘プシケの2人の姉に知られ悲しく去っていく。エロスを想う娘プシケは，エロスを探すため放浪の旅に出てアプロディテと出会う。嫉妬に駆られたアプロディテは娘プシケに対し次々と無理難題を出すが，娘プシケは解決していく。そして最後の課題は，冥土の女王から美の箱を取ってくることであった。娘プシケは箱の受取には成功するのだが，美への誘惑に駆られ開けてはならないその箱を開けてしまう。すると，……。
　続きはギリシア神話でお楽しみを。

ではパブロフの条件反射学などがあらわれた。日本では，文部省設置（明治4年）からまもなくの明治7年（1873年）にいちはやく，東京開成学校（東京大学の前身）の化学科，法学科などで心理学の授業が始まっている。

2. 現代心理学の広がり

現代心理学の分野は大きく広がっている。(社)日本心理学会では専門分野を大きく5つに分けている（表1-2）。

これら心理学の専門分野とその隣接科学の関係をイメージしたのが図1-1である。これらは現在，隣接している科学との境界を埋めながら，さらに専門化，細分化を続けている。これを詳しく見ると，このうち，知覚，生理，感覚，動物の学習などは，実験心理学の方法やテーマが中心である。隣接科学として自然科学と接点をもっている。

発達，教育，人間の学習・思考などは，教育心理学の方法やテーマが中心であり，隣接科学として教育学と接点をもっている。

表1-2 現代心理学の各分野

①知覚・生理・思考・学習
②発達・教育
③臨床・人格・犯罪・矯正
④社会・産業・文化
⑤方法・原理・歴史・一般

6000余名の会員が所属する日本心理学会の専門分野

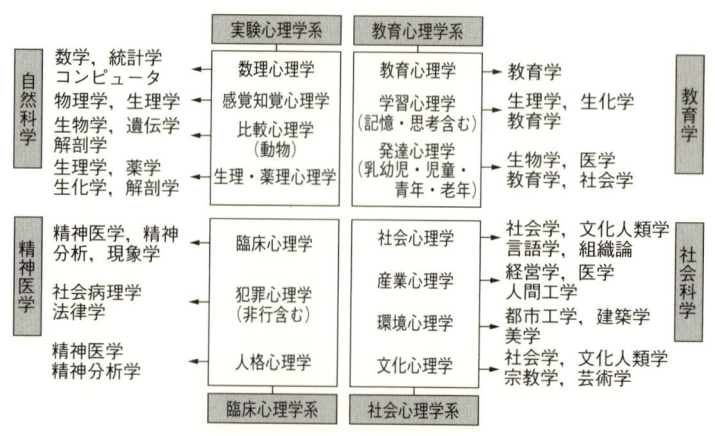

図1-1 心理学の専門分野とその隣接科学 （堀, 1985）

臨床，人格，犯罪，矯正などは，臨床心理学の方法やテーマが中心であり，隣接科学として精神医学と接点をもっている。

社会，産業，文化，環境などは，社会心理学の方法やテーマが中心であり，社会科学，人文科学，時には都市工学や人間工学などと接点をもっている。

3. 心理学の研究法

(1) 心理学の対象

心理学では，観察可能な行動を心理学のデータとして扱い，いろいろな方法で分析する。しかしながら，基本的な問題点もあった。観察不可能な行動は扱えないのかという問題である。最近では，観察不可能な行動は，観察可能な行動を通して推測するようになっている。あるいは心理学的なモデルを立ててシミュレーションを行い，推測するようになっている。

心理学のテーマは広いが，それが心理学の研究領域に含まれるか否かはテーマでのみ決まるのではない。今日では心理学の研究法や結論づけの方法を用いていれば，それは心理学研究であるとみなす。以下に代表的な研究法を紹介する。

(2) 観察法

行動を客観的にとらえることが観察の基本である。しかし，私たちの観察は主観的である。たとえば時間の長さ，行動の頻度をとってみても，人によって判断はさまざまである。そこで，観察能力を補うために，録音機器，VTR，パソコンなどのような器具や装置を使う。これは，データが信頼でき

円サイン。イギリス人は「OK」の意味に受け取るが，フランス人は，微笑を伴っている時に「OK」の意味，そうでない時には「ゼロ」「無価値」の意味に受け取る。

図1-2　意味の違うジェスチャー（モリス，1977）p.88より

るかどうか（信頼性）という点でとても重要である。

　観察のもう1つの面を考えてみよう。私たちは多くのジェスチャーをするが，同じジェスチャーでも，時，場所，文化によって，まったく別の意味を表すことが知られている。図1-2は，その一例である。このジェスチャーは，このほか，お金，わいせつなどの意味を表すこともある。つまり，その行動がどんな意味の表れとみるのが妥当なのか（妥当性）という点も重要である。

(3) 実験法

　A(1)→B(1)という因果関係があるかどうかを探りたい。もし，A(1)が観察された後にB(1)が起これば，A(1)が原因でB(1)という結果が起こったのかもしれない。これは日常で自然に発生している行動を観察（自然的観察法）して得られる結論である。けれども，A(1)のほかにA(2)が同時に起こっていたならば，この両者のどちらが原因かがわからない。そこで，人為的に原因(A)を1つに絞ったり，原因(A)の条件を少しずつ変えたりして，それに伴って結果(B)がどう変わるのかを観察していく。このように実験場面でデータをもとに因果関係を追求するのが実験（実験的観察）である。

(4) 心理テスト法

　パーソナリティ，知能，学力などの心理学的な特性を一定の手続きで測定したり判定する方法が心理テスト法（心理検査法）である。心理テスト（心理検査）には，パーソナリティ検査（性格検査），知能検査，学力検査，適性検査，発達検査などがある。

(5) 調査法（面接法，質問紙法）

　ある集団の意見や，態度，価値観などを組織的にデータ収集して分析することを調査法という。このうち，調査者が調査協力者に対して面談して口頭で質問するのが面接法である。他方，質問文のリストを示して，調査協力者（回答者）に自記式で回答をしてもらうのが質問紙法である。なお，面接法は，心理相談や心理治療を目的とした心理カウンセリング場面においても用いられる方法である。

2

行動の基礎

1. 神経生理学的な基礎

(1) 動物としての人間

　私たちの観察可能な行動には，イヌやネコと同じく本能的な面と，芸術や文化を築き上げた人間らしい面とがある。これらの行動を理解する手がかりの1つは神経生理学的な基礎を知ることである。

(2) 脳と情報経路

　たとえば，目の前のカップの中のコーヒーを飲むとしよう。まず，あなたはコーヒーカップを見るが，このコーヒーカップは，感覚器官（眼）から神経細胞（ニューロン）を通じて，信号となって脳へと伝えられる。脳はそれを分析し，すでに蓄積されている過去の記憶情報と比較する。この過程によって，あなたは，このカップの中のコーヒーが，「飲めるもので，よい味や香りがするはずで」といった意味を認識することができる。

　飲むためには手をカップへと移動させるのであるが，これには筋肉を使って骨を動かすことになる。その時にも，上肢と手の筋肉を制御するために脳（運動野）が働く。脳は，現在の自分の身体の部位がどこに位置しているかを知り，どこへ手を動かして把握すればよいのかを筋肉に指令する。腕や手の1回だけの動きでは無理なので，脳は，眼や他の感覚器官から持続的にフィードバックを受けて，矢継ぎ早に手や身体に調整的な指令を送り，それによって筋肉を収縮させたり弛緩させていく。うまくカップをつかみ，それを口へと運ぶと，内分泌腺が活性化され，心臓や呼吸の動きも影響を受ける。これらの働きはすべて脳の働きによる。

2. 脳・神経系の基本的なしくみ

(1) 神経系

　神経系は神経細胞（ニューロン）を中心に，グリア細胞や血管系が加わってまとまったものである。神経系は，脳と脊髄からなる中枢神経系と，中枢への連絡路である末梢神経系とに分けられる。感覚器官からの刺激は，末梢神経系を通じて，中枢神経系へと送られる。

　中枢神経系は，脳幹脊髄系，大脳辺縁系，新皮質系の3つに分けられる。

　末梢神経系は，脳・脊髄神経（体性神経）と自律神経からなっている。脳・脊髄神経系は，姿勢の保持反射や，防御反射などをつかさどる。脊髄は31個の節の左右から1対の脊髄神経が出ている。根もとでは前根と後根に分かれていて，前根には運動に関する神経，後根には感覚性の神経が通っている。

　自律神経系は，呼吸，循環，消化などの植物性の機能に関する神経系である。大脳皮質の直接的な支配を受けずに，独自の働きをしている。毛髪の根，気管支，胃腸のような管状や袋状の内臓壁と，唾液腺・すい臓・肝臓などの腺構造の器官を支配している。交感神経と副交感神経に分かれ，互いに拮抗する働きをもっている。交感神経は脊髄の胸腰部から出て，各臓器に分布している。副交感神経は，脳から出ている動眼神経・顔面神経・舌咽神経・迷走神経の中に含まれていて，それと脊髄の仙部から出ている仙髄神経からなる。

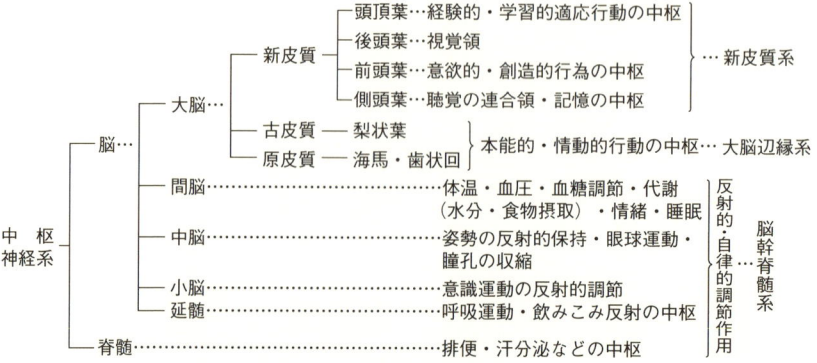

図2-1　中枢神経系の分類

(2) 脳の働き

　人間の中枢神経系は脳と脊髄である。脳は，大脳，間脳，脳幹，小脳に分かれる。脊髄は背骨の中を通っていて，頭部の延髄へと至り，橋を過ぎ，中脳，間脳へと続く。この一続きになった，延髄→橋→中脳→間脳が脳幹である。脳幹の上部には大脳がある。大脳の下部，延髄と橋の上部にあるのが小脳である（図2-2）。

　脊髄は神経を通って信号が伝達される経路であり，反射の中枢も多くある（たとえば，膝蓋腱反射）。反射の中枢は，このほか延髄，中脳（たとえば瞳孔の光反射）にも多くある。延髄には生命維持機能があるので延髄が侵されると脳死の状態になる。中脳には姿勢中枢がある。間脳は，視床と視床下部からなり，視床は脳幹から大脳へと信号を送る中継部位になっている（感覚の入力センター）。視床を取り囲む弓なりの円筒形の部位が海馬で，海馬は記憶に重要な働きをする。視床下部は感情や情動の中枢である。小脳には，脳幹・脊髄の反射機能や大脳（運動野）の運動機能を正確で精密にする働き，呼吸や血液循環のような生命維持のための身体制御の働きがある。

(3) 大　脳

　大脳は左右に1対あるので，大脳半球という。大脳の表面（厚さ4～5ミリ）が大脳皮質である。大脳皮質は，後頭葉，側頭葉，頭頂葉，前頭葉の4つに分かれる。運動野は身体を動かすのに関係し，感覚野（視覚野，聴覚野）は感覚を生ずるのに関係している。連合野は感覚を連合する部分である。これ

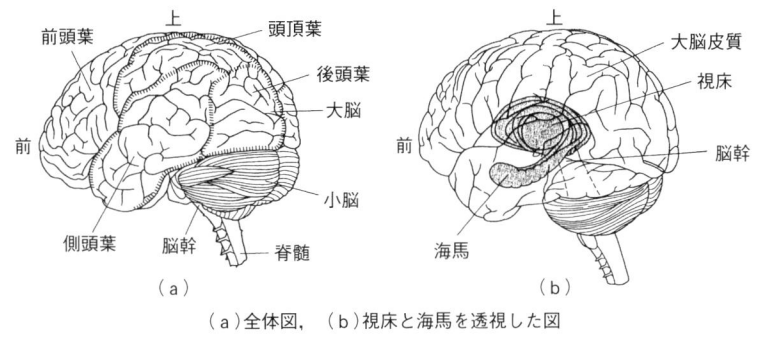

（a）全体図，（b）視床と海馬を透視した図

図2-2　人間の脳（酒井，1997）p.10より

らは機能が分担され、独立に働く。

図2-3に、大脳皮質の分業体制を示す。言語や思考などの働きには右脳と左脳の働きに差がある。左半球には、言語野や右手を支配する運動野がある。したがって、脳卒中などで左側の脳に破壊が起こると、右手や、言葉に大きなダメージを受ける。逆に、右半球に損傷が起こると、左手や、直感的思考などにダメージを受ける（図2-4）。

人間の身体は左右対称のように見えるがそうではない。よく見ると、見かけ上も左右対称ではなく、機能面についても左右差がある。よく知られているものの1つが右利き、左利きといった利き手である。

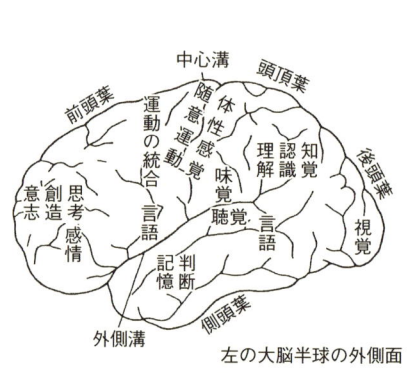

図2-3 人間の大脳皮質の分業体制
（時実，1962）p.80より

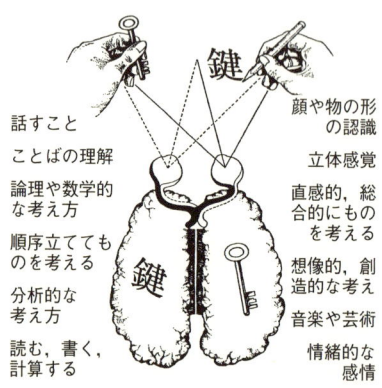

図2-4 人間の左右の半球における能力の特殊化
（ブラウン，1979）訳書 p.56より

3

感覚・知覚のしくみ

1. 感覚と知覚

　私たちはまわりの環境をさまざまな感覚器官を通して感じている（表3-1）。感覚器官を通して入ってきた刺激が脳に伝達する経路はいずれの刺激においても基本的には同じである（図3-1）。たとえば，光や音波などは環境内の物理

表3-1　感覚の刺激

感　覚　名	所　在	感覚器官	適　刺　激	例
視　　覚	眼	網　　膜	光	明暗・色彩
聴　　覚	耳	蝸　牛　殻	音	音（高低・音色）
嗅　　覚	鼻	嗅　粘　膜	空気中の化学物質	腐敗性，果実性 花香性，焦臭性 樹脂性，薬味性
味　　覚	舌	味　　蕾	口腔内の液体中の化学物質	塩からい，すっぱい，甘い，苦い
皮膚感覚				
温　覚	皮　膚	温　　点	温　　熱	あつい（35°〜70°C）
冷　覚	皮　膚	冷　　点	寒　　冷	つめたい（10°〜30°C）
触(圧)覚	皮　膚	圧　　点	身体に対する圧・触	
痛　覚	皮　膚	痛　　点	輻射刺激，電気刺激，化学刺激，機械刺激が過度	痛い
平衡感覚	耳	三半規管	身体の位置の変化	
運動感覚	筋　肉 関　節	筋紡錘体 ゴルジ錘体 パチーニ小体	身体諸部分の運動	
有機感覚	身体内部の諸器官		身体の一般的状態	渇き，空腹，排泄のもよおし，性感，腹痛

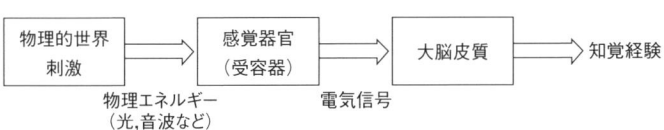

図3-1　知覚成立の経路

的エネルギーが感覚器官に作用し，それが物理的な電気信号におきかえられ，神経細胞を通り大脳皮質の特定領域に達して特定の感覚が生ずる。感覚受容器に興奮を起こす個々の刺激の感受過程が感覚であり，この感覚が脳中枢で判断される心理的過程が知覚である。

2. 刺　激

　感覚受容器は，それぞれの器官に適した刺激に応じて興奮し，特定の感覚を生じている。視覚の場合，眼の網膜内の視細胞は光に興奮し，明暗や色彩を感じている。この眼に対する光を適刺激という。適刺激は，弱すぎると刺激として感じられない。感覚受容器が刺激として受けとめることができる最小の刺激エネルギーを刺激閾という。逆に，刺激が強すぎても適切な知覚は生じない。感覚受容器が刺激として感じる最大の刺激エネルギーを刺激頂という。

　私たちは存在するすべての刺激を知覚しているわけではない。光エネルギーに対して人間の眼で感受できる範囲は限られている。音波では15Hz（ヘルツ）～20,000Hzの範囲を感じているにすぎず，コウモリ（98,000Hz）やイルカ（130,000Hz）の発する音は聞くことができないのである。私たちの知覚できる温度は－10℃～70℃で，その範囲外の温度では，温かさや冷たさではなく，痛みを感じるようになる。このように私たちは刺激閾と刺激頂の間にある刺激を知覚しているのである。また，私たちは刺激の変化に応じて行動をしている。刺激変化の弁別が可能な最小の変化量を弁別閾という。

3. 順　応

　一定の刺激が連続して与えられると，その刺激に対する感受性が変化する。感受性が減少するのは，におい・味・温度などで，逆に感受性が増加するのは光である。このような感覚や知覚における感受性の変化を順応という。

4. 知覚の体制化

　物理的環境には無数の刺激が同時に存在している。私たちはその刺激のすべてを知覚しているのではなく，選択的に刺激の特定部分を関連させ，まとまりをもったものとして知覚している。

　このような傾向を知覚の体制化という。図3-2では，多数の刺激（単なる黒い模様）が存在する。しかし，意味のあるまとまり，すなわち，斑点模様の犬が浮かび上がって見えてくる。これは，ある部分（犬の部分）が図となり，それ以外の部分が地となって知覚が成立しているからである。この現象は聴覚・嗅覚・味覚・触覚などについてもあてはまる。この知覚では，図と地が同時に見えることはなく，一方が図になれば，一方は背景として認識される。この知覚は「図と地の分化」と呼ばれ，さまざまな図形に見られる（図3-3, -4, -5）。

図3-2　ダルマチア犬（ジェームス, 1966）

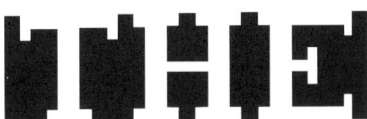
図3-3　これは何か？（ミラー, 1967）

図3-4　ルビンの顔と盃（ルビン, 1921）

図3-5　少女と老婆（ボーリング, 1930）

5. まとまりの法則

ウェルトハイマーによると，網膜上でバラバラの形として写っている刺激が，まとまりのあるものとして知覚されるには以下のような要因が関係している（図3-6）。

①近接の要因：他の条件が一定であれば，近い距離にあるものどうしがまとまって見える。
②類同の要因：同じまたは類似したものどうしが1つのまとまりをなす。
③閉合の要因：閉じあうものやお互いに囲い合うものはまとまって見える。
④よい連続の要因：直線や曲線は自然でなめらかな連続としてまとまる。

以上のようなまとまりの諸要因によって，全体として形態的に最もすぐれた，秩序のある簡潔なまとまりとして知覚が形成される。これをプレグナンツの原理という。

図3-7のように物理的な輪郭線はないが，図の中央にはっきりとした輪郭の

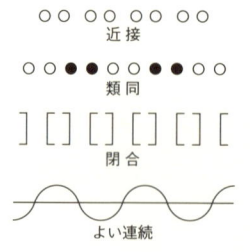

図3-6 まとまり（群化）の要因
（ウェルトハイマー，1923）

図3-7 主観的輪郭線の図（カニッツァ，1955）

図3-8 大きさの恒常性（キンブルら，1980による）

ある三角形が見える。これを主観的輪郭線という。3つの黒い多角形があると見るよりも、3つの四角形の上にある白い三角形がのっていると見る方が簡潔に知覚できる1つの例である。

6. 恒常性

　眼はカメラに似た構造をしており，網膜に映る物体は眼からその物体までの距離によって変化する。図3-8の左の図のように，男性は女性よりはるかに小さいが，男性が女性の半分の大きさだという認識はしない。このように，実際の大きさは違っても，一定の知覚を与えようとする性質を大きさの恒常性という。このような現象は大きさだけではなく，形や明るさにも起こる。この現象によって知覚の安定性が保たれているのである。

---- **THE PSYCHOLOGIST** ----

スキナー　Skinner, Burrhus Frederic　(1904〜1990)
　アメリカ，ペンシルヴェニア州生まれ。ハーヴァード大学教授。彼は反応を刺激に誘発されるもの（リスポンデント）と，自発されるもの（オペラント）に分けて，オペラント反応についての条件づけの研究を進めた創始者として知られている。いわゆるスキナー箱の中のハトやネズミの行動分析によって，反応と強化の随伴性，強化のスケジュールなどの実験室的な実証研究をした。徹底した行動主義者であり，行動主義心理学のワトソンの後，新行動主義の第一人者として知られた。スキナーの理論は，人間の行動にも応用されて，行動の修正を目的とする行動療法，教育現場の効率的な学習プログラムについての教育工学やプログラム学習の領域で応用されている。

知覚の諸相

1. 錯視

知覚は単なる外界のコピーではない。このことを図4-1の幾何学的錯視図形で確認してみよう。錯視とは刺激の客観的な幾何学的関係とは異なって知覚される現象である。錯視は異常な現象ではなく，誰にでも見られる知覚の法則的な事実といえる。

2. 空間の知覚

私たちは3次元空間で生活している。この空間内にある事物に対しての距離の知覚を奥行き知覚という。この知覚には生理的要因と刺激の要因がある。

(1) 生理的要因
刺激を知覚するさいの私たち自身の要因として，代表的なものは次の3つである（図4-2）。
　①**水晶体の調節作用**：網膜上の像のピントを合わせるさいの毛様体筋の緊張感覚が手がかりとなる。
　②**両眼の輻輳作用**：左右の眼の視線の角度が変化するさいの動眼筋の緊張感覚が手がかりとなる。
　③**両眼視差作用**：両眼の瞳孔間の距離によって生じる映像のずれを中枢神経系の処理過程で1つに融合することで，奥行き知覚が成立する。

(2) 刺激の要因

刺激を知覚するさいの外界の要因で，代表的なものは次の6つである。
①**線遠近法**：平行な線は遠くなるほど幅が狭くなっているように見える。
②**きめの勾配**：きめの粗いものは近くに，細かいものは遠くに見える（図4-3）。
③**重なり合い**：物体Aの一部を隠すと，隠された物体Aは隠した物体Bより

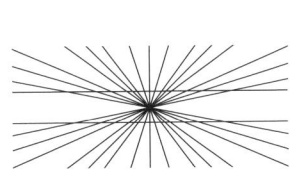

(a) **ヘリングの錯視** 錯視図としてもっとも古くから知られている図形。2本の平行線は放射状の線分によって，中央がふくらんで見える。

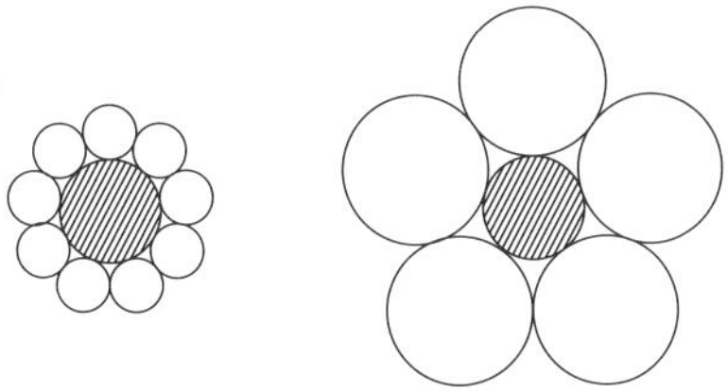

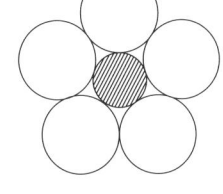

(d) **エビングハウスの錯視** 中央の円は同じ大きさであるが，周囲のいつくかの円によって大きさが異なって見える。

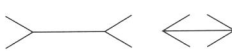

(b) **ミュラー・リヤーの錯視** 矢羽根が外開きか内開きかによって，主軸の長さが異なって知覚される。

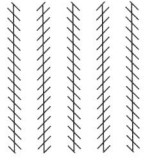

(e) **ツェルナーの錯視** 斜めの細かい線分によって，中央の平行線が，平行に見えない。

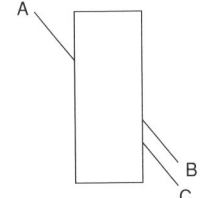

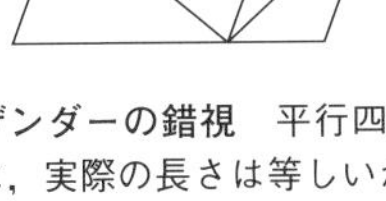

(c) **ポッゲンドルフの錯視** 1本の線分がまん中の長方形によって曲がって見える。Aと直線的につながっているのはBとCのどちらであろうか。

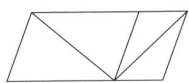

(f) **ザンダーの錯視** 平行四辺形の2本の対角線は，実際の長さは等しいが，右の対角線が左の対角線より短く見える。

図4-1　代表的な幾何学的錯視図

遠くに見える。

④**単眼運動視差**：自分が移動しているとき，近くのものは早く，遠くのものは遅く動いているように見える。

⑤**明暗**：明るさの強い方が近くに，暗い方が遠くに見える。

⑥**色相**：青いものは遠くに，赤いものは近くに見える。

3. 運動の知覚

実際には動いているにもかかわらず，その動きがゆっくりであるため，動いていないように見えることがある。また，飛行機のプロペラのように，動きが速すぎて1枚1枚の羽根を知覚できないこともある。一方，実際に物体は動いていないにもかかわらず，あたかもその物体が動いているように見えることがある。これらを仮現運動という。具体的には，次のようなものがある。

①**ファイ現象**：映画のフィルムなどは異なるコマの画像を一定の速度で連続提示しているにすぎないが，私たちは映像として知覚している。静止した対象を一定の間隔で連続して提示するときに動いていると知覚される現象のことである。

②**自動運動**：真っ暗の部屋で小さい光の点を見ているとその光が動いてい

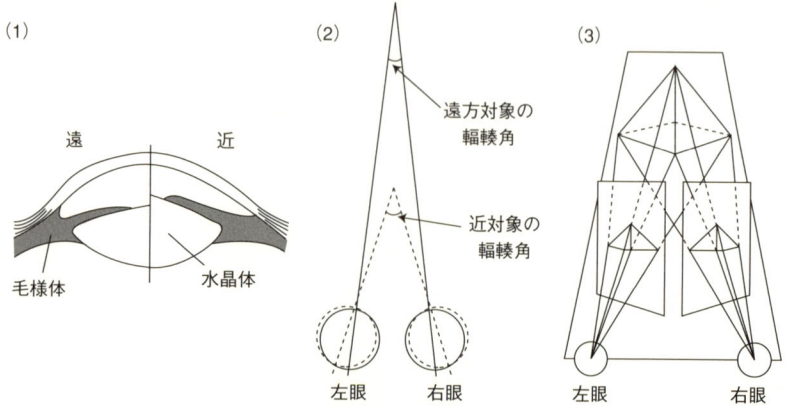

図4-2　奥行の生理的手がかり　（村田, 1987より）

るように見えることがある。空間内で事物の位置を決める手がかりが少ない状況で，小さい対象を凝視しているときに対象物が動いているように見える現象のことである。

③**誘導運動**：電車に乗っているときに，となりの電車が動き出すと自分の乗っている電車が動いていると感じるときがある。実際に動いている対象が静止し，静止している対象が動いているように知覚する現象である。

4. 知覚に影響する諸要因

知覚には，文化や個人の要因が影響する。ここでは知覚の個別性について，文化的要因と個人的要因について述べる。

(1) 文化的要因

文化が違うと人の知覚のしかたが異なることは，よく知られている。なかでも，知覚と生活環境や言語との関連についてはさまざまな報告がある。

ウォーフは「異なる言語をもつ異なった文化の人々は環境の認識のしかたが異なる」という言語相対性仮説を提唱している。たとえば，エスキモー（イヌイット）の言語には3種類の雪（吹雪いている雪・住居用に切り出した凍結した雪・溶けかかったぬかるみの雪）に対応する言葉はあるが，「雪」という総称はないという。このことからも，エスキモーが雪に対して細やかな知覚のしかたをしていることが考えられる。他にもフィリピンのハヌヌー族は米を呼ぶのに92個の名称をもっており，アラビア語ではらくだを600通り

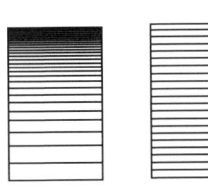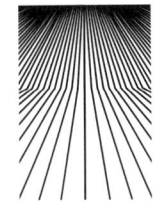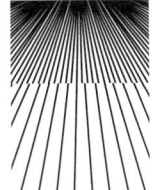

図4-3　肌理の勾配（ギブソン, 1950）

もの名前で呼び分けるという報告もある。

(2) 個人的要因

　同じ文化で生活している人でも異なる知覚をする場合がある。ここでは，そのような個人内の要因について考えてみよう。

　ブルーナーらは，10歳の子どもに1セントから50セントまでのコインの大きさを答えさせた。その結果，すべての子どもに過大視は見られたが，貧困家庭の子どもは裕福な家庭の子どもよりもコインを過大視していた（図4-4）。これは，知覚するものにとって価値あるものは過大視され，欲求が強いほど過大視が大きくなることを示唆している。ブルーナーらの研究は，知覚に及ぼす内的な要因の重要性を明らかにした点で注目され，ニュールック心理学の先駆的な研究として知られている。

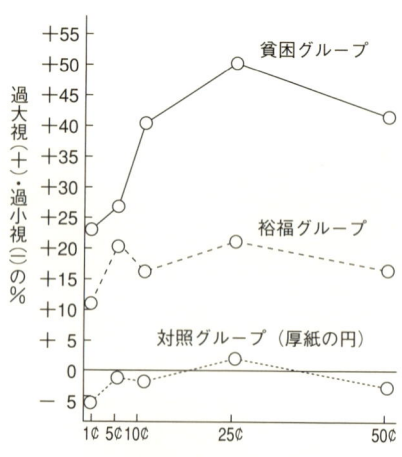

図4-4　貨幣のみえの大きさの判断
（ブルーナーとグッドマン，1947）

5 新しく学ぶ

1. 動物としての人間

(1) 生得的行動と学習

　行動は，生得的要因によるものと獲得的要因によるものとに分けられる。

　走性はアメーバのような原生動物に見られる。光・熱・においなどの特定の刺激に身体を方向づける生得的行動である。反射は海綿動物などに見られる。走性ほどは全身的ではなく，身体の一部に限定される行動である。人間では発達初期の乳児に多く見られる。本能は昆虫などに多く見られる。反射よりも複雑であるが，反射と同様その種に特有の行動であり，個体差が少ない。これらの走性，反射，本能といった行動は，訓練や学習なしに形成される行動である。

　一方，学習は，訓練や経験によって生じる比較的に永続的な行動の変化のことである。ただし，学習には，薬物や疲労による行動の変化は含めていない。私たちの記憶や運動技能はともに重要な学習行動である。鳥類，下等哺乳類，下等霊長類，人間と進むにつれて学習の占める役割が大きい。

　推理は，知識を利用して知的な働きを行うことである。チンパンジーなどにも見られるが，おもに人間に特有の行動である。

(2) レスポンデント行動とオペラント行動

　スキナーは，行動をレスポンデント行動とオペラント行動とに二分している。レスポンデント行動は，光に対する瞳孔の収縮など，外界の特定の刺激（無条件刺激）によって自動的に誘発される反応（無条件反応）である。生得的な反射行動はレスポンデント行動である。

他方,オペラント行動は自発的に生じる非反射的な行動である。レスポンデント行動と異なり,特定の刺激によって一対一の対応関係で誘発されることはない。この分類法は,先の生得的要因(反射など)と獲得的要因(学習・推理)の区別を説明するのに重要である。

2. レスポンデント条件づけ(古典的条件づけ)

ロシアの生理学者パブロフは,実験に使用していた犬(図5-1)が,エサだけではなくてエサを運ぶときの音にも反応して唾液を分泌することに気づき,いわゆる条件反射による学習の原理を発見した。これは,心理学ではレスポンデント条件づけによる学習に相当する。レスポンデント条件づけとは,中性刺激と無条件刺激を対提示することによって,中性刺激にもレスポンデント行動を誘発させる手続きのことである。

［条件づけ前］ 音(無条件刺激)は聴覚反応(無条件反応)を引き起こすが,唾液分泌反応を引き起こさない。食物(無条件刺激)は唾液分泌(無条件反応)を引き起こす。

［条件づけ］ 音を聞かせた直後に,あるいは同時に,犬の口に食物を入れる(対提示する)。

［条件づけ後］ 音を聞くと,唾液分泌反応を引き起こす。この時は,もう無条件ではないので,順に条件刺激,条件反応(反射)と呼ぶ。

パブロフは,もちろん,犬の調教や唾液分泌そのものに関心があったので

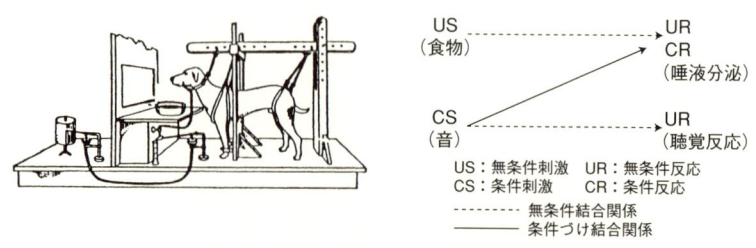

図5-1 レスポンデント条件づけの図式化と実験装置
(ヤーキースら,1909／村田,1987) p.41より

はない。大脳における興奮過程と制止過程を神経生理学的な視点からとらえて，言語・気質・性格形成なども説明しようと構想していた。

図5-1の図式化で，音，食物，唾液などの項を別の項（レモンなど）に変えてみるとわかるが，今日私たちが日常で直面する獲得的な喜怒哀楽の行動の多くは，このレスポンデント条件づけによる学習によって説明されている。

3. オペラント条件づけ（道具的条件づけ）

スキナーは図5-2のような実験装置を考案して，オペラント条件づけによる行動変容（学習）の原理を発見した。空腹のネズミを装置に入れると，ネズミは偶然にレバーを押す（オペラント行動）ことがある。すると，機械的にエサが投入されるのでネズミは空腹を充たすことができる。この手続きが反復されると，ネズミはまるでエサ（報酬）を入手するための道具・手段としてレバー押しをするかのように行動する。このように，いままでのオペラント行動の生起頻度が，報酬や罰などによって，これまでと違って増加したり減少したりする手続きをオペラ

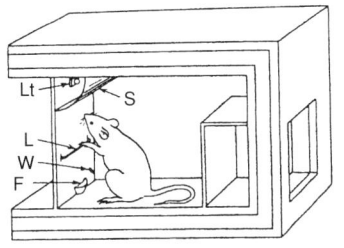

オペラント（道具的）条件づけの代表的な装置。白ネズミがレバー（L）を押し下げると，食物皿（F）に食物が与えられる（あるいはWから水が与えられる）。Ltは照明，Sはスクリーンである。

図5-2 オペラント条件づけの実験装置
（ケラーら，1950／村田，1987）p.47より

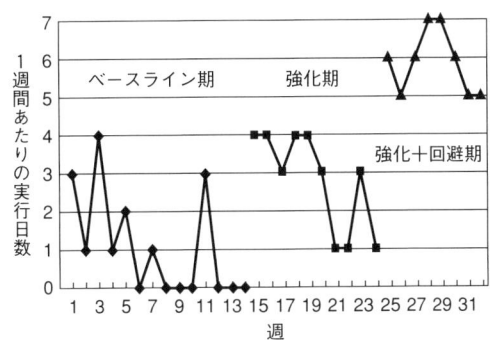

図5-3 ダイエットのための腹筋運動の事例
（藤田・藤田，2001）p.108より

ント条件づけという。このときに報酬・罰を随伴させたり除去させたりすることを強化という。

　一例であるが，図5-3は，ある人がダイエットのために腹筋運動を約8か月続けた記録である。最初のベースライン期では通常のオペラント水準であるが，週3日以上の実行でカラオケ権が得られるという強化によると，実行日数は上昇した。その後低下が見られたので，サボリに罰金を取る約束を回避させると（回避期），劇的な効果が見られている。

4. 観察学習

　人間は，直接経験によって学習するが，それだけではとうてい，私たちが体得した膨大な学習量は説明できない。そこで，他者を観察することによって代理的に経験し，それによって行動のしかたや情動反応を学習する過程が考えられる。バンデューラは観察経験による学習を観察学習，あるいはモデリングと呼んで，そのメカニズムを分析した。

　図5-4は初期に行われたバンデューラらの実験である。幼児のうち，攻撃的なモデルを観察する条件と観察しない条件（図の統制群）を設定し，さらに前者はライブ（現実の）モデルを観察する条件群，フィルムによるモデルを観察する条件群，漫画映画によるモデルを観察する条件群を設定した。モデル観察後の遊び場面を調べたところ，フィルムや漫画というメディアに接触しても，モデル観察による攻撃的行動の促進効果が実証された。

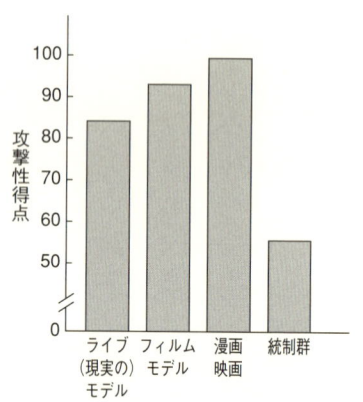

図5-4　モデリング後の攻撃的行動の条件差
（バンデューラら，1963）

5. 現実の学習方法

　私たちの日常生活では，直接経験による学習と，観察経験による学習が組み合わされて成立していることが多い。技術職人の修業過程はまさしくそうであり（図5-5），自動車の運転技術の向上，テニスの熟達，語学の学習などもこのような学習方法が用いられている。

　見て学ぶことの効果は行動にとどまらず，その先に見えるお手本（モデル）の態度，生き方にまで至ることもある。スポーツ用品のテレビCMなどで，著名なアスリートがタレントとして使われるのは，このためでもある。最終的に視聴者に求められているのはそのスポーツ用品を購入するということである。しかし，視聴者は，CMタレントがそれを使って生活するという生き方のメッセージもまた学習し，その手段としてその商品を購入するのである。

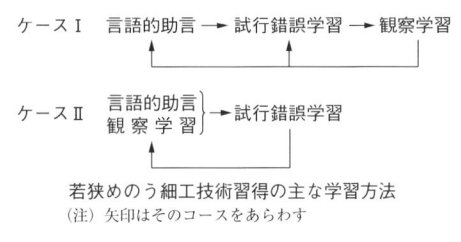

```
ケースⅠ　言語的助言 → 試行錯誤学習 → 観察学習
              ↑_____|

ケースⅡ　言語的助言 ┐→ 試行錯誤学習
         観察学習　 ┘    ↑_____|
```
若狭めのう細工技術習得の主な学習方法
（注）矢印はそのコースをあらわす

図5-5　伝統工芸士の技術習得の学習方法（大野木, 1984）

── THE PSYCHOLOGIST ──

バンデューラ　Bandura, Albert（1925～）

　アメリカの心理学者。スタンフォード大学教授，1974年アメリカ心理学会長。子どもの攻撃行動や道徳的判断などの対人的行動が，直接的な試行錯誤学習によらなくてもモデルの行動を観察するだけで成立するという，モデリング・観察学習について実証し，社会的学習理論（後に社会的認知理論）として体系化した。臨床面では，モデリング療法という行動療法に応用されている。近年は自己効力感についての理論を提唱し，認知行動の関係を結ぶ重要な理論の1つとして評価されている。

6

覚えるしくみ

1. 記憶のしくみ

(1) 記憶の枠組み

　記憶は記銘→保持→想起の3つの操作からなる過程である。情報を覚え込み，それを保存しておき，後で思い出す過程である。情報処理の用語にならうと，それぞれ，符合化→貯蔵→検索となる。私たちには，このような3つの操作がないと，覚えたり思い出したりすることができない。

(2) 記憶の調べ方

　再生法と再認法とに大別される。再生とは，記述式のテストのように，記銘した情報をありのまま再現することである。これには，思い出した順番に自由に再生する自由再生法，覚えた順序通りに再現する系列再生法，ヒントを手がかりにして再現する手がかり再生法などがある。
　再認とは，与えられた情報が自分の記憶にある情報（記銘内容）と同一であるか否かを，記憶に基づいて判断することである。客観式テストの「3つのうちから1つを選べ」「○か×か」などのような思い出し方が再認法である。

2. 記憶のシステム

(1) アトキンソンらのモデル

　アトキンソンらは，図6-1のようなモデルを立てて記憶の過程を説明した。そこには，感覚記憶，短期記憶，長期記憶という3つのシステムが働いてい

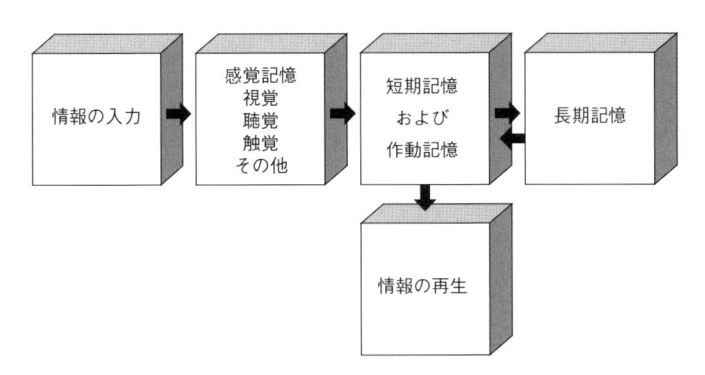

図6-1　記憶システムの情報の流れ（アトキンソンら, 1971；バドリー, 1982／川幡訳, 1988）p.5より

る。これらは互いに作用しあい，それぞれはさらに下位システムに細分化されている（もちろん，図の四角い箱は比喩であり，実際に頭の中に，この箱があるわけではない）。

(2) 感覚記憶

　刺激情報は，初めは眼や耳のような感覚器官から入り，ごく短い間は，「意味」として処理されずにそのまま蓄えられる。このような短時間で消失する性質の記憶を感覚記憶という。視覚情報の感覚記憶はアイコニック・メモリーと呼ばれ，その持続時間は約1秒以内である。聴覚情報の感覚記憶はエコイック・メモリーと呼ばれ，その持続時間は約5秒程度である。

　これら膨大な刺激情報のうちで，その一部はパターン認知という操作によって，次の短期記憶へと移される。パターン認知とは，簡単にいうと，見聞きした刺激情報について，それが何であるかを認識することである。たとえば，ある音を聞いて「自動車のブレーキの音だ」とわかったり，ある人物の顔をみて，「人間だ」「私の知っている○○さんだ」などとわかることである。

(3) 短期記憶

　短期記憶の容量は，ランダムな数字や文字を見聞きして，それを直後再生する最大の数で表現できる。たとえば，聴覚では，「5，1，4，9，7，2，8，……」といった数字を聞いて，直後にオウム返しに再生すればよい。この再

生できる容量は直接記憶範囲といわれ，成人ではそれが 7 ± 2（つまり 5 ～ 9 個）であることがわかっている。

ただし，数字が 7 ということではなく，意味をもったひとまとまり（ミラーはこれをチャンクと呼んでいる）が 7 ということである。つまり，短期記憶の時系列的な容量は 7 ± 2 チャンクである。したがって，先の例で，「5, 1, 4」の部分を自分の誕生日（5 月 14 日）と読み替えれば，これは 3 桁（3 チャンク）ではなく，1 チャンクとして処理されていることになる。

短期記憶の保持時間は，情報が失われないように努力しない限り，数十秒で消失するとされる（一説には，数秒から数分程度ともいわれる）。

表6-1　やってみよう　聴覚の直接記憶範囲を点検する

問題提示	「これからある数字をいいます。よく注意して聞いてください。私がいい終わって，『はい』といったら，私に続いてその数字をいってください」　数字は 1 秒 1 つのペースでいうこと。検査者がその問題を唱え終えたら約 1 秒の間をおいて「はい」と促す。	
問題	6桁の問題	4－2－6－9－7－5
	6桁の問題	3－6－7－9－5－4
	7桁の問題	5－3－8－7－1－2－4
	7桁の問題	3－6－7－9－5－4－8
	8桁の問題	1－6－8－9－3－5－2－7
	8桁の問題	7－2－9－4－1－8－3－5

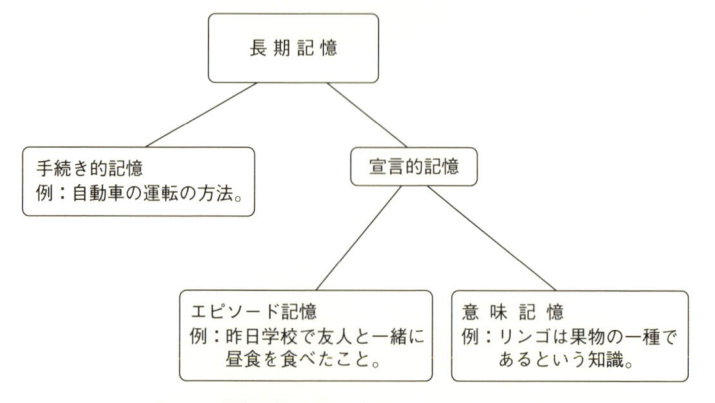

```
                    長期記憶
                   /        \
         手続き的記憶         宣言的記憶
         例：自動車の運転の方法。    /        \
                    エピソード記憶      意味記憶
                    例：昨日学校で友人と一緒に   例：リンゴは果物の一種で
                       昼食を食べたこと。        あるという知識。
```

図6-2　長期記憶の区分　（北尾ら, 1997）p.41 より

(4) 長期記憶

一般には，記銘すべき情報を反復して繰り返せば忘れにくいことが知られる。この反復をリハーサルという。リハーサルには2種類ある。維持リハーサルと精緻化リハーサルである。維持リハーサルは，単に，短期記憶に留まっていて，いま忘却しないように更新しているリハーサルである。精緻化リハーサルは，記銘しようという意図をもち，覚える努力をするリハーサルである。この精緻化リハーサルがなされると，短期記憶から長期記憶へ多量に転送がなされる。ただし，この過程の説明は単純すぎる。現在は，ワーキングメモリの研究が進んでいる。

長期記憶の内容についてはまだあいまいな点が多いが，図6-2のように区分されることが多い。図の中で宣言的記憶とは，言語化できる知識・情報である。手続き的記憶とは，言語化できない感覚運動やイメージなどの知識・情報である。これらは異なるタイプの下位システムであるとされている。

手続き的記憶は，技能（認知的な技能や熟練技能），条件反射などである。宣言的記憶には，エピソード記憶と意味記憶が含まれている。エピソード記憶は個人が過去に経験した出来事に関する記憶などである。これは思い出すという主観的な感覚を伴う記憶である。意味記憶は，私たちがほぼ共通にもっている一般的知識の記憶である。これは知っているという主観的な感覚を伴う記憶である。

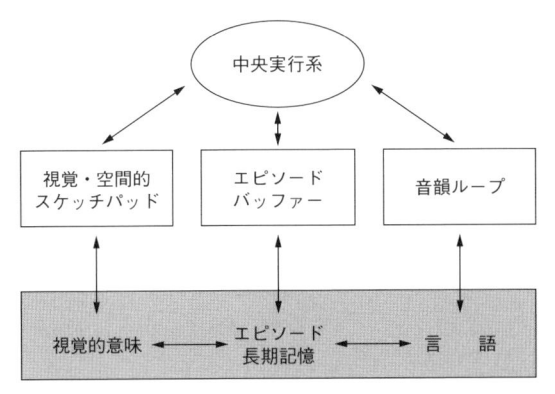

図6-3 バッドリー（2000）のモデル（苧阪, 2002）p.31より

3. ワーキングメモリ −最近の動向から−

　ワーキングメモリ（作動記憶）は，従来の短期記憶を大きく発展させた概念である。たとえば85×7のかけ算を暗算で行うことを考えよう。ふつう私たちは，まず，1の位の5×7の計算結果（=35）を一時的に覚えておいて，次に10の位の80×7のかけ算をして，といった作業をする。つまり，ある課題や作業をする時に一時的に必要な情報を保持しておき，それを使って処理するのであり，このような働きがワーキングメモリである。単純な短期記憶モデルとは違い，かなり認知的な情報処理を含んでいることがわかる。

　図6-3はバッドリーの提唱したワーキングメモリのモデルである。このモデルは，全体を管理・制御する中央実行系と，3つの下位システムである視覚・空間的スケッチパッド，エピソードバッファー，音韻ループからなる。視覚・空間的スケッチパッドは，視覚イメージなどの情報処理の保持に関わる。音韻ループはアトキンソンらの短期記憶の部分に相当し，会話や文章などの言語情報処理についての保持と関わっている。エピソードバッファーは，長期記憶からの検索に対応する部分である。そして，これらを処理する中央実行系の場所は，前頭連合野（図6-4）にあるといわれている（苧阪, 2002）。

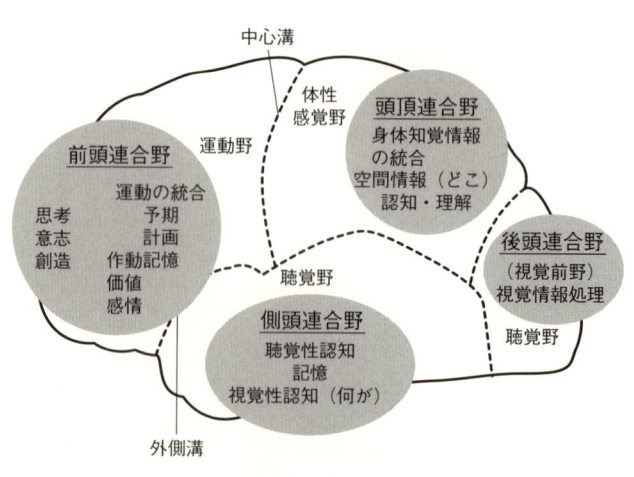

図6-4　連合野の機能の模式図（苧阪, 2002）

7

日常的な記憶

1. 忘　却

(1) 干渉説

　覚えたことを思い出すことができない時，これを忘却という。忘却の原因・理由の代表的な説には干渉説，検索失敗説などがある。
　干渉説は，旧情報（A）と新情報（B）とが妨害関係にあることから忘却が起こるという説である。したがって，両者の類似度が高いほど干渉量は多くなる。これには時間的に見て，次の2通りがある（矢印に注目）。

　　　順向干渉：旧情報（A）→ 新情報（B）
　　　逆向干渉：旧情報（A）← 新情報（B）

　順向干渉は，最初に覚えていた旧情報（A）のせいで，新情報（B）がなかなか記憶に定着しない，あるいは想起できないというケースである。逆向干渉は，新情報（B）の記銘や学習のせいで，旧情報（A）の記憶に妨害が起こったり想起できないケースである。図7-1は，一定の時間眠っていた条件と，

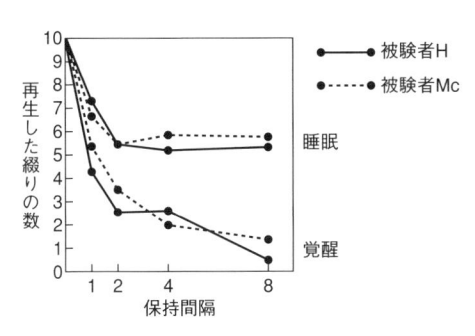

図7-1　覚醒時と睡眠時の忘却曲線
（ジェンキンスとダレンバック，1924）

起きていた条件とで再生した記憶の量を比較した実験である。結果は，起きていた時の方が忘却の程度が激しく，これは起きている時の方が緩衝作用が大きいためであると解釈されている。

(2) 検索失敗説

私たちは偶然に街で出会った人の名前が出てこないで，別れた後で名前を思い出すことがある。これは，覚えているはずなのに想起できない状態である。つまり記憶という名の倉庫から目的物を探し出すことができないためといえよう。これを検索失敗説という。この場合は，想起のためのよいヒントがあれば思い出せる。

2. 記憶のゆがみ

(1) 命名効果

図7-2は，覚えた図形を再生する時に見られる特徴であり，命名効果と呼ばれている。図形を記憶する時に，命名のしかた（名前の付け方）が違うと再

表7-1 やってみよう 忘却の例をさがそう

干渉説	検索失敗説
順向干渉：旧情報(A)→新情報(B)による忘却の例をさがそう	検索失敗説による忘却の例をさがそう
旧情報(A)	ど忘れのエピソード
旧情報(B)	想起したヒント（検索てがかり）
逆向干渉：旧情報(A)←新情報(B)による忘却の例をさがそう	
旧情報(A)	身近な例を見つけ出して空欄に記入してみよう。
旧情報(B)	

生の精度が影響されるのである。中央の絵が提示されて，それに対して異なった名前を付けると，名前に惹かれるような形の方向に，ゆがんだ描画が再生される。また，似た絵から選択させる再認テストではほとんどゆがみがみられず，再生直前にヒントとして名前を与えると大きなゆがみを生じる。おそらく，命名は再生時に絵を再構成する時に利用されているのではないかと考えられる。

(2) 供述の信頼性

裁判に際して，証言がどの程度信頼できるのかも研究されている。植松によると，供述の信頼性には，以下のような特徴があるという。

- 色彩に関する供述は一般的に見て信頼性に乏しい。
- 色彩よりも形状の方が確実に供述される傾向がある。
- 証言者の職業や専門的な知識によって，事実がゆがめて報告されたり，付加がなされることがある。
- 子どもや老人は被暗示性が強いので，供述が誘導されやすい。
- 軽微な不自然さは正常化の方向に供述される。
- 年齢や身長についての供述はあまり信頼できない。

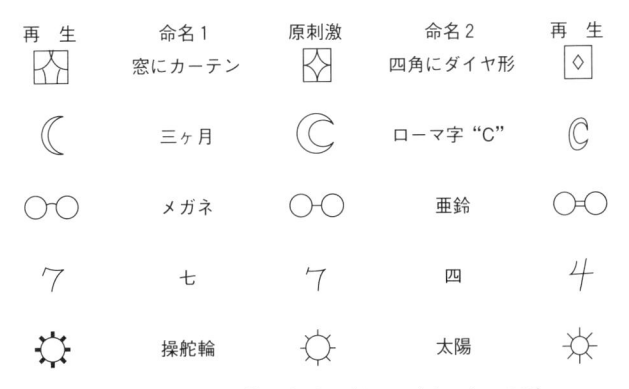

図7-2 命名による記憶のゆがみ （カーマイケルら，1932）

3. 日常生活にあらわれる記憶の特徴

(1) スキーマとスクリプト

　私たちのもつ大きな疑問の1つは，長期記憶の知識がどのような保持のされ方になっているのかということである。これについての確かな解答はまだ得られていない。ただし，有力なヒントの1つとして，スキーマ理論からの説明が知られている。

　スキーマ理論では，スキーマとスクリプトという用語を用いて説明している。スキーマ（枠組み）とは，あることについてのまとまった知識体系，枠組みである。スクリプト（脚本）とは，ある特定の状況と行動についての一般的な流れ・あらすじの知識である。私たちは，この2つを使うことで，日常の理解や記憶を保持していると考えられる。

　いつものレストランに行って食事をしたり，病院に行って治療を受けたり，囲碁や将棋などを行う人は，そうでない人と比べて，その内容の記憶の定着や想起が正確である。これは，私たちがそのことについてのスキーマやスクリプトをどれぐらいうまく使えるかに依存しているからである。

(2) 自伝的記憶

　自分の経験してきた出来事の記憶は単なる事実の再生ではなく，喜怒哀楽の感情やある種のイメージを伴って想起される。これを自伝的記憶という。自伝的記憶は，エピソード記憶の特殊な例として知られている。ワグナーは，過去の経験を想起する手がかりには有効性に違いがあり，「何」という検索手がかりを使うといちばん想起率が高く，「誰」「どこ」「いつ」などの検索手がかりは劣っていたと報告している。

(3) フラッシュバルブ記憶

　地震・火事・交通事故など，心に強い感情的な印象が残る場合，鮮明で永続的な記憶が残ることがある。フラッシュをたいて写真撮影したときになぞらえて，これをフラッシュバルブ記憶という。1995年1月の阪神・淡路大地震（大震災）の場合であるが，地震の9か月後においてさえも2割もの被災

学生が突然に記憶がよみがえってくると報告している（図7-3）。

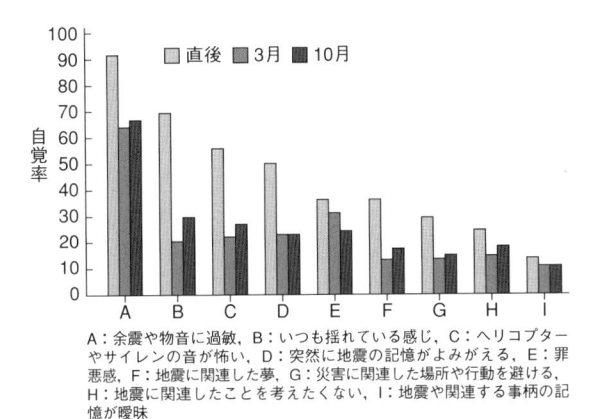

図7-3　阪神・淡路大地震の記憶の変化（兵藤・森野, 1999）

A：余震や物音に過敏，B：いつも揺れている感じ，C：ヘリコプターやサイレンの音が怖い，D：突然に地震の記憶がよみがえる，E：罪悪感，F：地震に関連した夢，G：災害に関連した場所や行動を避ける，H：地震に関連したことを考えたくない，I：地震や関連する事柄の記憶が曖昧

（4）あいまいで事足りる記憶

　記憶の程度は生活上の必要性によっても影響を受ける。ニッカーソンらは，アメリカの生活で馴染みの深い1セント硬貨の図柄を想起させる実験を行った。図7-4には被験者が何も見ないで再生した硬貨があるが，表裏の合計8つの特徴をすべて正しく再生した者はほとんどおらず，再認も半数に満たなかった。日常よく目にしている硬貨でも，生活上は，他の硬貨と区別ができれば事足りるのであるから，かならずしも細部まで記憶しようと思わないし，実際に覚えてもいないのであろう。

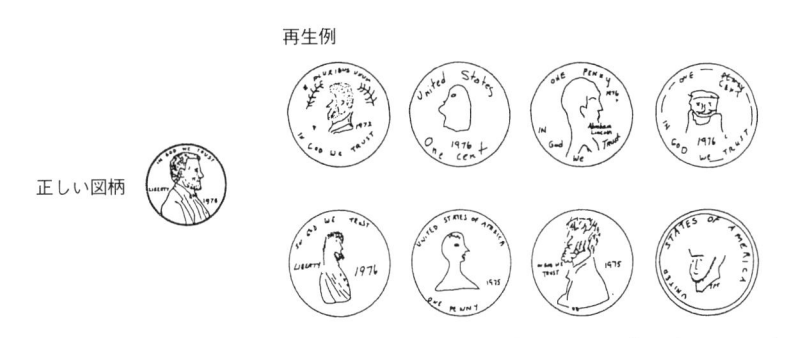

図7-4　記憶実験で被験者が再生した1セントの図柄の一例（ニッカーソンとアダムス, 1979）

8

やる気と行動

1. 欲求とやる気

(1) 動機と動機づけ

「やる気が出ない」などと感じる気持ちは，心理学では動機づけ（モチベーション）として研究されている。たとえば，同じ場面にAさんとBさんがいて，もしもAさんが水を飲み，Bさんが水を飲まないなら，その差の原因は2人の内的な要因の違い，つまり飲水を渇望する気持ちの有無によるのだとみなす。この飲水行動を駆り立てる生理学的・生物学的な力を要求（欲求）といい，これが行動を引き出す原因，つまり動因であると見る。動因によって生じた行動は誘因に向かって方向づけられ持続し，到達すると行動が集結する。以上の過程を動機づけという（図8-1）。

これらの過程には，生物学的要因，社会的・経験的な学習要因が関与している。用語としては，社会的な欲求の時に動因を動機と呼び，誘因を目標と呼ぶが，現在はこれらを区別せずに使うことも多い。また，動機と欲求を区別せずに使うことも多い。ここでは，いろいろな動機を，ホメオスタシス性動機，性動機，感覚希求動機，社会的動機に分けて見ていく。

(2) ホメオスタシス性動機

ホメオスタシスという用語は，生理学者のキャノンによって作られ，語源はギリシア語の「定常状態」の意味である。人間の身体にはホメオスタシスの働きがある。たとえば，空腹になると，胃が収縮し血糖値が下がり，その結果，視床下部が働いて身体活動が高まる。食物を摂取すれば，血糖値が上がって視床下部の働きは休止し，体内のメカニズムによって胃の収縮が止ま

る（ダイエット食品による人工的な満腹感はこの応用）。このような動機をホメオスタシス性動機，あるいは生理的動機などという。

　ホメオスタシス性動機は，生体が生きていく上で必要な動機であり，これには，摂食，飲水，酸素，睡眠，体温調節，排泄，呼吸などがある。

(3) 性動機

　性欲は遺伝的に組み込まれた生理学的，生物学的な欲求である。しかしながら，人間では性的興奮が高まっても定常状態に戻そうとする生理的なメカニズムは見られない。性行動の基礎に生物学的な要因があることは確かであるが，性行動そのものの学習は社会的・文化的な影響が大きい。

(4) 感覚希求動機

　5章で見たように，オペラント条件づけによる学習では，いわゆる報酬や罰などが行動の生起に深く関わっていた。これは，動機づけの見方からいうと，外発的動機づけである。このような外発的な動機づけ，あるいはホメオスタシス性動機や性動機などと区別できる次のようなものもある。

　たとえば，子どもの遊びは，それ自体がおもしろくて続けられる。このように，行動そのものが目的となるように動機づけられている場合を内発的動機づけという。これらの多くは，いわば感覚希求動機であり，これには，好奇動機（いわゆる知的好奇心），探索動機，操作動機などがある。

　図8-2は，感覚遮断の実験のようすである。このように五感からの刺激情報が極端に遮断された状態になると，私たちはたちまち退屈し，一時的に脳波に異常が見られたり，さらには幻聴や幻覚（図8-3）があらわれるようである。これは，病院の集中治療室でときどき見られるICU症候群に似た状況である。私たちはたえず脳を活性化させようとしているのかもしれない。

```
        [内的要因]        [外的要因]
    ┌─────────────────────────────────┐
    │  欲　求  →  動　機  →  目　標  │
    │  (要求)     (動因)     (誘因)   │
    └─────────────────────────────────┘
```

図8-1　動因と誘因から見た動機づけの模式図

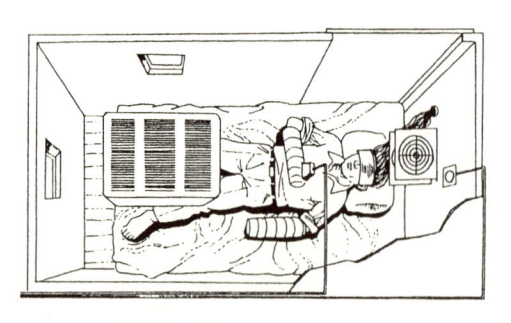

図8-2　感覚遮断実験のようす（ヘロン，1957/1961） 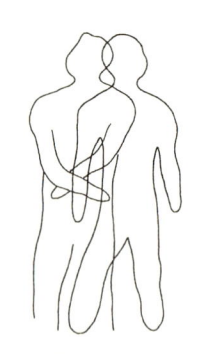　　図8-3　感覚遮断実験で見られた幻覚（ベクストンら，1954）

2. 社会的な動機

(1) 社会的動機
　人間には，他者との関わりの中であらわれる動機がある。これを，先のホメオスタシス動機・生理的動機などに対して，社会的動機とよぶ。マレー（1938）は，達成，親和，攻撃などの多くの社会的動機（社会的欲求）をあげた。その後も多くの研究者がこの動機に関心を寄せている。

(2) 達成動機
　たとえば，達成動機は，困難を克服して他者よりも成功しようとする動機である。達成動機には，目標を達成しようとする成功志向動機と，失敗を恐れる不安によって動機づけられる失敗回避動機が区別されている。さらに，ホーナーは，女性には成功回避動機（成功恐怖）が見られることを指摘している。表8-1に日本の研究を示す。この社会的動機は社会的な文脈で学習されたものであり，かなりパーソナリティ特性に近い概念とみなされている。

3. 欲求どうしの関係

　マズローは，人間のさまざまな欲求には優先順位が見られると考えて，図8-

表8-1　成功恐怖の測定（堀野，1991）

女性が男性以上の成功をおさめる場面
浩子さんは大学で大きなサークルに入っています。このサークルの代表者になるのは名誉なことであり、またやりがいのある仕事ができます。浩子さんもサークル仲間の明くんも代表者に選ばれればよいなあと思っていました。ある日、先輩の投票の結果、浩子さんが代表者に選ばれ、明くんは補佐として浩子さんを助ける役目に任命されました。

成功恐怖測定尺度2（FS2）より。このほか、男性が女性以上の成功をおさめる場面、女性が女性以上の成功をおさめる場面、男性が男性以上の成功をおさめる場面の合計4通りがある。文章から受けたイメージについて回答を求め、肯定的感情や否定的感情をさぐる。

ヘンダーソンの要求理論

① 正常に呼吸する。
② 適切に飲食する。
③ 身体の老廃物を排泄する。
④ 移動する，好ましい肢位を保持する。
⑤ 眠る，休息する。
⑥ 適当な衣類を選び，着たり脱いだりする。
⑦ 衣類の調節と環境の調整により体温を正常範囲内に保持する。
⑧ 身体を清潔に保ち，身だしなみを整え，皮膚を保護する。
⑨ 環境の危険因子を避け，また他者を傷害しない。
⑩ 他者とのコミュニケーションをもち，情動，ニード，恐怖，意見などを表出する。
⑪ 自分の信仰に従って礼拝する。
⑫ 達成感のあるようなかたちの仕事をする。
⑬ 遊ぶ，あるいは種々のレクリエーションに参加する。
⑭ 正常な成長発達および健康へつながるような学習をし，発見をし，好奇心を満たし，また利用可能な保護設備などを活用する。

　ヘンダーソンは、マズローの欲求階層説に触発されて、患者への看護理論を構想した。表には14の欲求があげられている。患者の基本的欲求を充足することによって、患者の回復や自立を看護していくことを述べている。

出所：『心理学（系統看護学講座　基礎6）』（医学書院）p.243より

4のような欲求の階層性モデルを提唱した。下位の欲求が実現されると、これが上位の欲求の基礎となる。そして、一番上位の自己実現は人間固有の動機・欲求であるとした。このような人間性を強調した考え方は、心理カウンセリングで大きく取り入れられているだけでなく、各方面に影響を与えている。

たとえば、産業・組織心理学の領域では、ハーツバーグの2要因理論などにも影響を与えた。これは仕事への動機づけを、動機づけ要因と衛生要因の2要因からみていく考え方である。動機づけ要因は専門性のスキルアップ・昇進・仕事の達成や評価などおもに職務設計、衛生要因は賃金・作業条件・経営方針・職場の人間関係などと関係づけられている。マズローの理論はそのほか看護理論においても、ヘンダーソンが作成した患者の14の欲求リストに影響を与えている（コラム「ヘンダーソンの要求理論」参照）。

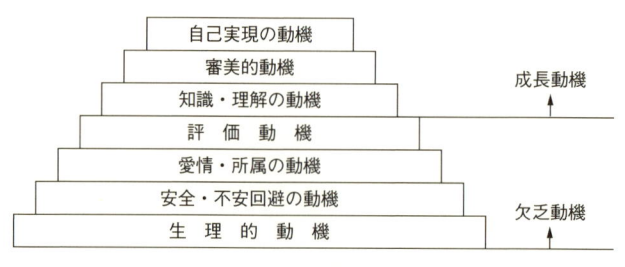

図8-4 マズローによる欲求階層の模式図 (1970)

4. 動機づけの認知過程

(1) 原因帰属

自分に才能・能力がないから失敗したのだと思うなら、もはやチャレンジする意欲はわいてこないだろう。ワイナー（1979）は、成功や失敗の結末が何のせいでそうなったのかという推論づけのパターンを表8-2のように分類した。内的／外的の次元は、自尊的な感情に関わっている部分である。統制不可能／可能の次元は、自分の力のがおよぶ範囲にあるかどうかと関わる部分である。安定／不安定は次の課題への予期に関係する次元である。この理論によると、私たちはこれら3つの次元のいずれかに原因を帰属させて結末を

認知させているという。したがって，動機づけには，個人の認知のあり方がその後の行動に大きな影響をもつとみなされる。

表8-2　ワイナーの原因帰属理論（ワイナー，1979）

	内　的		外　的	
	安　定	不安定	安　定	不安定
統制不可能	能　力	気　分	課題困難度	運
統制可能	努　力	直後努力	教師の偏好	他人からの援助

(2) 自己効力

ある行動をなしとげる自信・信念を自己効力（セルフ・エフィカシー）という。自己効力の高い人ほど，失敗してもへこたれずチャレンジを続けられることが実証されている。私たちは，個人の認知過程に着目して自己効力を育成することによって，動機づけを高めることができる。

THE PSYCHOLOGIST

マズロー　Maslow, Abraham Harold　(1908〜1970)

1908年ニューヨークのブルックリンに生まれ，1930年にウィスコンシン大学を卒業した。ブランディス大学で心理学教授に就き，アメリカ心理学会長を歴任し，1970年に死亡した。「人間の心理学」「完全なる人間」「可能性の心理学」などの著作があり，自己実現という概念は広範な影響を与えている。

---

9 迷うこころ

1. コンフリクト

　日常生活の中で,「これもしたいけど, あれもしたい」と迷うことがよくある。このように, 2つ以上の欲求が存在し, そのうちのどちらの欲求を選択してよいか迷っている状態をコンフリクトあるいは葛藤という。レヴィンは, コンフリクトを3つに分類している（図9-1）。

　①**接近－接近のコンフリクト**：プラスの誘意性をもった接近したい2つの選択肢があり, どちらを選ぼうか迷う状態。たとえば, 卒業旅行の行き先をヨーロッパにするか, アメリカにするかで迷っている状態や, 同時に2人の人からプロポーズされてどちらの人と結婚しようか迷っている状態である。

　②**回避－回避のコンフリクト**：マイナスの誘意性をもった回避したい2つの選択肢があり, どちらからも逃れたいが, 逃れられない状態。たとえば, 試験勉強はしたくないが, 単位を落とすのはイヤだという状態である。

　③**接近－回避のコンフリクト**：1つの対象に対して, プラスの誘意性とマイナスの誘意性の両方が並存している状態。たとえば, 不倫関係で愛情は得たいが社会的制裁があるような状態や, 手術をするのは怖いが手術をすれば健康になれるといった状態である。

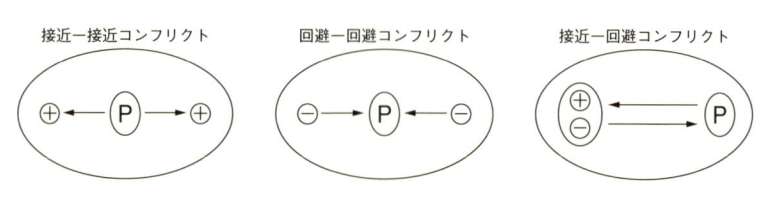

図9-1　コンフリクトのタイプ

2. フラストレーション

　人間には多くの欲求が存在するが，その欲求が常に充足されるとは限らず，阻止されたり，制限されることが多い。こうした欲求が充足されない状態をフラストレーションという。

(1) フラストレーションの原因
　フラストレーションは，次のような原因によって生ずる。
　①**障害**：物理的環境や社会的環境の要因が，欲求の充足を妨げる障害となっている場合。たとえば，近道をしようと思っても工事中で道が通れない場合などである。
　②**欠乏**：物理的環境の要因に欠乏を生じるために，欲求が充足されない場合がある。たとえば，水が飲みたくても水がない場合などである。
　③**コンフリクト**：コンフリクトもまたフラストレーションを生ずる。たとえば，ヨーロッパにも行きたいがアメリカにも行きたいという場合，選択されなかった欲求は充足されないためフラストレーションが生ずる。

(2) フラストレーション反応
　フラストレーションに陥ったときに起こる反応をフラストレーション反応という。たとえば，フラストレーション状況からの逃避，フラストレーションを引き起こす障害への攻撃行動などさまざまな行動が見られる（表9-1）。

表9-1　主なフラストレーション反応

攻撃的反応	障害に向かって直接攻撃したり，別の対象を攻撃したりする反応 例）暴力，言葉を使った暴力，やつあたりなど
退行的反応	未分化，未発達の行動様式に逆戻りする反応 例）指しゃぶり，おねしょ，すねるなど
逃避的反応	自分をその場から遠ざける反応 例）しかられているときに部屋に閉じこもる，空想にふけるなど

(3) フラストレーション耐性

適度なフラストレーションを経験することで欲求を抑える方法を学び，フラストレーションに耐える力を身に付けていく。これがフラストレーション耐性である。子どものころ，あまりフラストレーションを体験していないと，成長して初めて大きなフラストレーションに出会ったときに，どのように対処してよいかがわからなくなることもある。

3. 防衛機制

コンフリクトやフラストレーションは，個人に不満感，不安感をもたらす。こうした不快感によって自分が傷つくことを避けるためにさまざまな手段を用いる。この自分をまもる心の働きを防衛機制という。具体的な防衛機制を表9-2に示した。これらの防衛機制は，多かれ少なかれ誰にでも見られるものである。また，現実社会によりよく適応しようとするための手段であり，その意味から適応機制とも呼ばれる。

表9-2　代表的な防衛機制

抑　圧	強い不安や苦痛，不快感情を無意識下にとどめること 例）嫌なことを思い出さないようにする
反動形成	抑圧された感情や衝動があらわれるのを防ぐために反対の行動や態度をとること 例）嫌いな人には逆に非常に親切にする
昇　華	社会的に認められない衝動を社会的に価値のある行動に向けること 例）攻撃性の強い人がスポーツに熱中する
合理化	自分の行動を正当化すること 例）自分の欲しい洋服を買えなかったとき，自分には似合わないから買わなくてよかったんだと思う
退　行	未熟な行動様式に逆戻りすること 例）下に赤ちゃんができたときに，上の子がおねしょや指しゃぶりをする

4. ストレス

　ストレスはもともと圧力や圧迫を意味する工学用語であったが，カナダの生理学者セリエはその用語を援用し，今日さかんに使用されているストレス学説を唱えた。生体に外から刺激が加えられると，生体にひずみが生じる。そのひずみに適応しようとある反応が起こる。その状態をストレスと呼び，ストレスを生じさせる刺激をストレッサーと呼んだ。

(1) 日常生活ストレス

　ホームズとレイによると，日常生活上の重大な出来事（ライフイベント）が起こると，今まで確立されてきた生活の形式に何らかの変化が生ずるためにストレス状態が引き起こされる。ストレス状態を引き起こす可能性が高いライフイベントは，「配偶者の死」，「離婚」などである。また「結婚」などストレスとは無縁であるかのような喜ばしい出来事もストレスとなりうる（快ストレス）。過去1年間に起きた重大な出来事が多いほど心身疾患になる可能性が高くなることが報告されている。

(2) 汎適応症候群

　セリエは，持続的にストレッサーにさらされた結果生じる生体の抵抗について，汎適応症候群という考え方を提唱した（図9-3）。ストレスに対する反応は，警告期，抵抗期，疲憊期の3つの時期に分けられる。

　①**警告期**：ストレッサーにさらされショックを受けている時期はショック

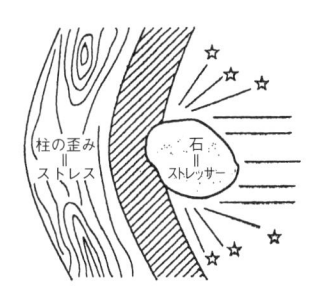

図9-2　ストレッサーとストレス（田中, 1987） 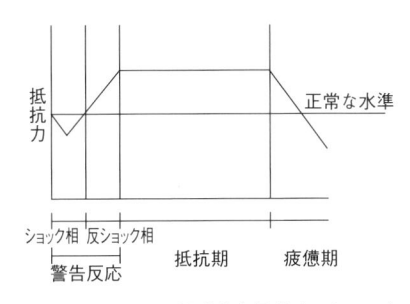　　図9-3　セリエの汎適応症候群（田中, 1987）

相といい，血圧の低下や体温の低下，胃炎などが見られる。その後，ストレッサーに対して抵抗を示す反ショック相になり，血圧や体温の上昇が見られる。
　②抵抗期：この時期はストレッサーへの抵抗力が強まり一応安定した状態。
　③疲憊期：さらにストレッサーにさらされ続けると抵抗力は弱まりショック相と同様の反応が生じる。免疫力の低下や体重減少が見られ，死に至ることもある。

(3) ストレス・コーピング

　個人がストレッサーにさらされた時には，そのストレス状態を低減しようとさまざまな対処行動を行う。ラザラスとフォルクマンは，これをコーピング（対処行動）と呼んだ。彼らは，コーピングを，情動的な苦痛を低減させるための情動焦点型コーピング（気分転換をするなど）と，ストレスの原因となる問題を解決するための問題焦点型コーピング（解決策を考えるなど）に分類している。

THE PSYCHOLOGIST

レヴィン　Lewin, Kurt（1890～1947）
　ドイツ生まれ。1916年ベルリン大学で博士の学位を取得。1934年にアメリカに移住し，アイオワ大学やマサチューセッツ工科大学で教えた。物理的環境とはなかば独立していた心理学的な存在である生活空間の概念を用いて行動を理解しようと，トポロジー心理学と呼ばれる力学的理論を提起した。
　また，集団力学（グループ・ダイナミックス）の研究にも力を注ぎ，今日の社会心理学にも大きな影響を与えている。

10

喜怒哀楽

1. 感情発生のメカニズム

　私たちは日常生活のなかで，うれしい気持ちや悲しい気持ちなど，さまざまな感情をもつ。この感情には多くのとらえ方があり，生理学的な意味あいの強い情動をはじめとして，情緒や気分，情操などいろいろな用語がある。しかし，混乱を避けるため，ここでは感情という表現を使用する。

　①**ジェームズ・ランゲ説**：「悲しいから泣くのではなく，泣くから悲しいのである」という言葉に集約されているように，ある刺激が大脳に伝えられることによってさまざまな筋肉運動反応や身体的変化が引き起こされ，感情が発生するという説である。感情の末梢説とも呼ばれる。

　②**キャノン・バード説**：刺激は視床から大脳に伝わることで感情を体験する。その一方で身体的変化も引き起こされるという。感情の中枢説とも呼ばれる。

　③**シャクター・シンガー説**：上の2つの説を包括するものとして，生理的な反応だけでなく，その生理的反応についての認知的解釈が必要であるという考え方である。感情の2要因理論と呼ばれている。

　④**ラザラス説**：シャクター・シンガー説よりも，認知的解釈を重要視した説で，2つの認知的評価があるという。1つは，ある状況が自分にとって有益か有害か，その種類と程度を評価する一次的評価である。2つめはその状況に対してどのように対処するかを評価する二次的評価である。この2つの評価がさまざまな個人的関係の意味（表10-1）と結びつくことで感情が生まれるとする考え方である。

2. 感情の誘発因

感情の喚起にはさまざまな要因が関係している。その要因には感情に直結するものと間接的に影響を与えているものがある。

(1) 刺激・刺激事態

痛みが苦しみや不安をもたらすように，強度の感覚刺激が情緒を誘発する。このような感情の誘発刺激は認知能力の発達と関連しているため，年齢とともに変化する。

(2) フラストレーション・コンフリクト

何か物事がうまくいかないときにイライラするように，目標への活動傾向が何らかの形で阻止される状態（フラストレーション事態）では，怒りや不安，苦しみなどの情緒と結びつきやすい。

表10-1 ラザラスによるいくつかの感情に対する中心的関係テーマ
（ラザラス, 1991／谷口, 2002より）

怒り	自分や家族に対する品のない攻撃。
不安	不確定な存在に関するおそれに直面すること。
驚き	直接の具体的で圧倒的な身体的危機に直面すること。
罪悪感	道徳規範を犯したこと。
恥	理想自己に従って行動することに失敗したこと。
悲しみ	取り返しのつかない喪失を経験したこと。
妬み	他の人がもっているものをほしがること。
やきもち	他者の愛情の喪失やその恐れに対して第三者を恨むこと。
嫌悪	不愉快な対象や観念に取りつかれたり，近づきすぎたりすること。
幸福	目標の実現に向けてうまくいっていること。
誇り	価値のある対象や達成を，自分自身や仲間のグループや，グループの誰かの手柄にして自我同一性を高めること。
安心	ひどく思い通りにいかない状況が良い方向に変化したり去ってしまったこと。
希望	最悪を恐れ，良い方向を切望すること。
愛	愛情を望み，また共にすること。通常必ずしも報われるとは限らない。
同情	他者の苦しみに動かされ助けたいと思うこと。

(3) 動　機

空腹時にご飯を食べることが，満足感やくつろぎをもたらすように，動機の充足は快感情をもたらす。これは，感情に直結した要因である。一方で，赤ちゃんが眠いときや寝起きにぐずるように，眠いという動機が充足されないと，ふだんなら何でもないことに反応して不快の感情を生起するという間接的な影響を与えることもある。

(4) 態　度

「態度」の定義そのものに感情的側面が含まれている。現実に起こった現象に対する感情よりも，他者に対する態度によって異なるという特徴があるため，感情を引き起こすさいには間接的な影響を与えている。

3. 感情の分類

①**ブリッジェスの分類**：個体発生的観点から分類する考え方。生後まもない頃の感情反応は単なる興奮であり，2歳頃までに発達に伴って分化していくというものである。

②**アーノルドの分類**：誘発因（対象）から分類する考え方。個人にとって有益な対象であるか，有害な対象であるか，目の前にいるかいないか，という基準に基づいて分類される。シャクター・シンガー説の影響を受けているものである。

③**プルチックの分類**：強さと類似性から分類する考え方。プルチックの感情多次元模型（図10-1）の各横断面はそれぞれ異なる感情を表している。縦軸は感情の強度を表しており，最上面に行くほど強くなり，強度が弱まるほど（下に行くほど）区別が困難になる。また，隣接した感情は離れた感情よりも類似している。

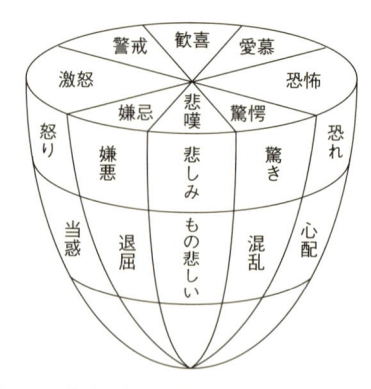

図10-1　情緒の多次元模型（プルチック，1981）

4. 感情の表出

　私たちは，「喜び」「怒り」「悲しみ」「楽しむ」という感情を感じている。このような感情は表情や動作，言葉などを通して観察することができ，自分の感情を人に伝えることができる。また，呼吸系・循環系・皮膚抵抗反応など，身体的には生理的反応を引き起こしている。

(1) 表　情
　私たちが感情を全身的に表出するさいに，定型的な表出はあまり認められない。これは，文化的な影響や経験による個人差が大きいからであろう。しかし，ひどく驚いた時や突然の恐怖に襲われた時は，目を閉じ，口を開け，頭と首を前に突き出し，肩を上げて前にすくめ，腕を曲げ，こぶしを握りしめ，上半身を前傾させ，腹を縮め，膝をわずかに曲げるといった，特徴的な防御行動があらわれる。また，感情を最も反映するのは表情である。図10-2のように表情は多様であることがわかる。

(2) 生理的変化
　感情の強さと関係する皮膚の生理的変化はGSR（皮膚電気反応）を用いて皮膚に流された電流に対する抵抗の程度で測定される。また，感情の状態によって変化する皮膚温度は，感情が不安定になると低下することが報告され

ている（図10-3）。他の生理的変化として，循環系では，心拍数の増加・心電図・血圧の上昇のような数値の変化があらわれる。呼吸系では，びっくりした時に呼吸を止めたり，退屈な時にあくびが出るなどの状態があらわれる。消化・排泄系では，怒りや恐怖から緊張が生じ，喉の渇きや排尿などの症状が見られる。そして，ストレスが胃や腸の潰瘍などと関わっていることから，それぞれが感情と関係していることがわかる。

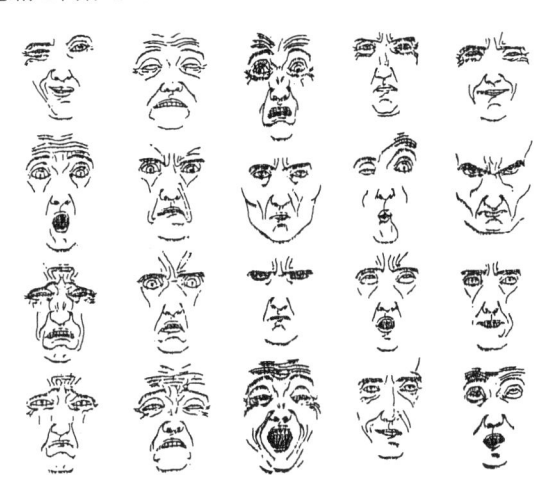

図10-2　情緒の顔面表情（モリス，1977／藤田訳，1980）

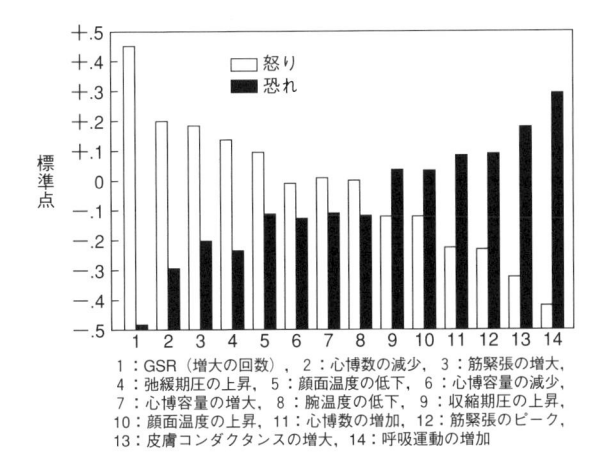

1：GSR（増大の回数），2：心博数の減少，3：筋緊張の増大，
4：弛緩期圧の上昇，5：顔面温度の低下，6：心博容量の減少，
7：心博容量の増大，8：腕温度の低下，9：収縮期圧の上昇，
10：顔面温度の上昇，11：心博数の増加，12：筋緊張のピーク，
13：皮膚コンダクタンスの増大，14：呼吸運動の増加

図10-3　怒りと恐れに伴う生理的変化のパターンの差
（アックス，1953／八木，1967より）

11

個性があらわれる

1. パーソナリティとは

　十人十色というが，自分を含めまわりにはいろいろな個性をもった人がいる。それぞれの個人には，その人独自の行動様式があって，かなり一貫した持続的な行動傾向が認められる。そうした行動のあり方を規定しているのが，パーソナリティである。

　パーソナリティとは，「その人らしさ」，「人がら」のような個人差をあらわすことばである。その語源はラテン語のペルソナである。ペルソナとは，演劇に用いる仮面であり，劇中で演じる役割，外見的な人がら，その人のもつ性質の総体，個人の尊厳性などの意味をもつという。

　オルポートは，さまざまな定義を検討した後，「パーソナリティとは，個人

力動的組織
パーソナリティは，静的なものではない。動的に活動を方向づける機能と組織化する機能とをもっている。

体系
相互に作用しあう要素の複合体であり，行動のエネルギーを提供しつづける。

決定する
行動の決定主体であり，動機づけたり，方向づけたりするものである。

精神身体的
パーソナリティの組織は，心とからだと両方の機能が絡みあった統一体であり，生理的基礎をもっている。

特徴的
個人に固有であり，他の人と区別できる独自な特徴をもちあわせている。

行動と考え方
個人がしめす，あらゆる行動全般をつかさどっている。

（中央）パーソナリティとは，個人のなかにあって，その人の特徴的な行動と考え方を決定するところの精神身体的体系の力動的組織である。

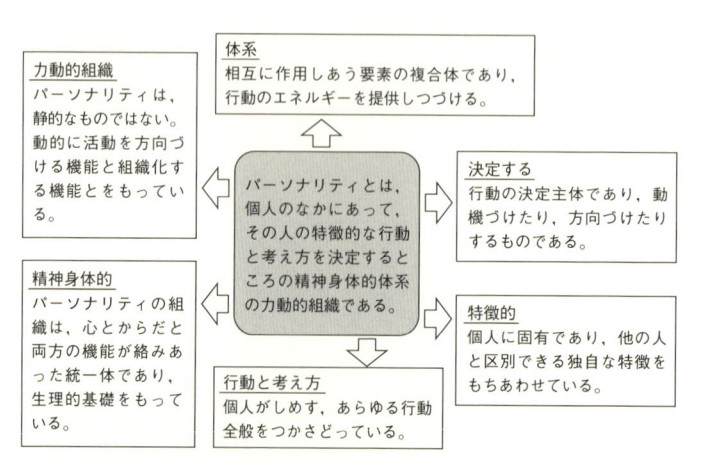

図11-1　パーソナリティの定義（オルポート，1961）

のなかにあって，その人の特徴的な行動と考え方を決定するところの，精神身体的体系の力動的組織である」と定義した（図11-1）。

2. パーソナリティの記述

(1) 類型論

複雑で多様なパーソナリティを理解するさいに，比較的少数の基本型を設定し，あらゆる場合をこれらの型のどれか1つにふりあてるという素朴な方法をとる立場が類型論である。類型論の歴史は古く，紀元前2世紀ごろのヒポクラテスの体液説などがある。

ドイツの精神医学者クレッチマーは，体型と精神病の関連性に着目し，その知見を正常者の気質へと拡張し，3類型を提出した（表11-1）。

ユングは，リビドーという心的エネルギーが外に向かい，外部の刺激に影響されやすい人を外向型，心的エネルギーが内面に向かい，自己に関心が集中する傾向をもつ人を内向型に分類した。そして，思考・感情・感覚・直観

表11-1　クレッチマーの体型説（クレッチマー，1961；詫摩，1990をもとに作成）

	一般的特徴	性　質	体　型
分裂質	○非社交的 ○静か ○内気 ○きまじめ ○変わりもの	●過敏症 　臆病・はにかみ・敏感 　神経質・興奮しやすい ●鈍感症 　従順・お人良し・温和 　・無関心・鈍感・愚鈍	細長型
躁うつ質	○社交的 ○善良 ○親切 ○暖かみがある	●躁状態 　明朗・ユーモアがある 　・活発・激しやすい ●うつ状態 　寡黙・平静・気が重い 　・柔和	肥満型
てんかん質	○1つのことに熱中しやすい ○几帳面 ○凝り性 ○秩序を好む	●粘着性 　忍耐強い・頑固・軽快 　さがない・礼儀正しい ●爆発性 　ときどき爆発的に怒りだす	闘士型

という4つの働きを設定し，外向と内向の組合せから8類型を想定した。

シュプランガーは，文化的・社会的な価値観を6つのカテゴリーに分け，それぞれの価値を志向するタイプを，経済型・理論型・審美型・宗教型・権力型・社会型の6類型に分けている。

類型論の特色は，人間のユニークさに着目して，全体的・質的にとらえる点にあり，わかりやすい記述になっている点である。しかし，現実的に見ると，類型にあてはまる人間が少ない，類型を立てても個人の行動の予測に結びつかない，同じ類型にあてはまる個人の間では両者の区別ができないなどの欠点も指摘されている。

(2) 特性論

パーソナリティを構成する基本的な単位として特性を想定し，各特性の量的な組合せからパーソナリティを記述する立場が特性論である。特性とは，正直，活動的，明るい，のんきなどといった，いろいろな場面を通じて一貫してあらわれる一定の行動傾向のまとまりである。

キャッテルは，表面的な特性は，限られた数の根源的な特性の外見的な表れであるという見解をとり，16の根源的特性を抽出した（表11-2）。

表11-2 キャッテルの16因子 （キャッテル，1965）

A	（分裂性―回帰性）	クールな，控え目な	対 あたたかい，気楽な
B	（低知能―高知能）	具体的思考	対 抽象的思考
C	（自我強度弱―強）	動揺しやすい	対 おだやかな，安定した
E	（服従性―支配性）	自己主張しない	対 支配的な
F	（退潮性―高潮性）	きまじめな	対 熱狂した
G	（超自我弱―強）	ご都合主義的な	対 良心的な
H	（臆病性―冒険性）	用心深い	対 大胆な
I	（堅牢性―繊細性）	タフな	対 やさしい
L	（受容性―懐疑性）	信頼する	対 疑い深い
M	（現実性―浪漫性）	実際的な	対 空想的な
N	（純真性―巧妙性）	率直な	対 ずるい
O	（自己適切感―罪悪感）	自信をもった	対 自己疑惑をもった
Q1	（保守性―急進性）	保守的な	対 何でも試してみる
Q2	（集団依存性―自己充足性）	集団志向的	対 自己充足的
Q3	（意志薄弱―意志力）	無節操な	対 自己統制のとれた
Q4	（精力均衡―過剰）	リラックスした	対 緊張した

アイゼンクは，個別（特定）反応，習慣反応，特性，類型の4階層構造としてとらえ，類型を特性の体制化されたパターンとして考えている（図11-2）。内向－外向，神経症傾向，精神病傾向の3次元（知能，保守主義を加えると5次元）による類型水準からパーソナリティを記述している。

特性論の特色は，パーソナリティ特徴の個人差は量的な程度の差であり，質的な差とはみなさないという点である。個人と個人を量的に比較することができ，パーソナリティ特性のプロフィールを描くことによって，個人の中でもどの特性が強いのか弱いのかを知ることができる。しかし，①パーソナリティ特性の数が多いとプロフィールを見ても全体像が浮かばない，②断片的である，③研究者によって取り上げる因子の数が異なるので，お互いの関連がわからない，などの欠点が指摘されている。

(3) ビッグ・ファイブ（特性5因子論）

特性論の立場からパーソナリティを記述する研究者の間では，因子分析法といった統計的手法の洗練に伴って，パーソナリティは5つの因子（ビッグ・ファイブ）に集約できると考えられるようになった。

わが国でも3種類の測定尺度がある。コスタとマックレーが作成し，その日本版であるNEO-PI-R（下仲ほか），辻ほかによるFFPQ，村上ほかの主要5因子性格検査である。代表的なものとして辻ほかの5因子の特徴を表11-3に示した。

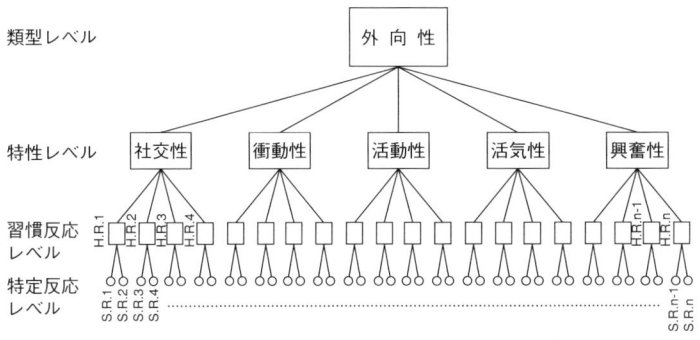

図11-2 アイゼンクによるパーソナリティの階層モデル
(アイゼンク, 1977／塩見・岸訳, 1982)

表11-3　5因子の本質と特徴（辻ら，1997）

名　称	本質	一般的特徴	病理的傾向
内向性―外向性	活動	控えめな／積極的	臆病・気おくれ／無謀・躁
分離性―愛着性	関係	自主独立的／親和的	敵意・自閉／集団埋没
自然性―統制性	意志	あるがまま／目的合理的	無為怠惰／仕事中毒
非情動性―情動性	情動	情緒の安定した／敏感な	感情鈍麻／神経症
現実性―遊戯性	遊び	堅実な／遊び心のある	権威主義／逸脱・妄想

3. パーソナリティの一貫性

　人のパーソナリティが状況をこえて一貫しているかどうかについては，いろいろ議論されてきた。古くは，レヴィンの公式 B = f (P, E) に見られるように，人の行動 (B) は人 (P) と環境 (E) の関数であると考えられてきた。つまり，人の行動にあらわれるパーソナリティが，実際にはそれまで仮定されていたような状況をこえた一貫性はないという指摘である。

　バンデューラは，レヴィンの一方向的なモデルに対して，環境は行動の原因となるだけでなく，行動の結果でもあるとする三項相互決定主義を提唱した。人と状況・環境とは独立ではなく，相互に影響し合うものと考えている。

　近年では，パーソナリティが人と環境・状況との力動的相互作用によって定まること，パーソナリティが環境・状況の影響を受けることは，定説になってきた。20年以上の論争の結果，パーソナリティの一貫性とは従来考えられてきた状況・環境と独立な一貫性ではなく，個人と生活状況との相互作用の結果として生じる首尾一貫性であるとの見方がなされるようになってきた。

　パーソナリティの形成や変化を考えるさいに（パーソナリティの時間的安定性の問題），状況・環境の役割が大きいことを思い起こせば，パーソナリティ研究においてもはや状況・環境要因を無視できないことは事実であろう。

12 パーソナリティを調べる

1. パーソナリティを調べる方法

　パーソナリティを調べる方法には，データ収集の観点から，①生活記録データ（生育歴や年齢，職業，収入などの生活記録），②観察者データ（親や教師，仲間，配偶者などの観察者による評定），③客観的テスト・データ（心拍数・皮膚抵抗反応などの生理学的指標や標準化されたテスト類によって得られるもの），④自己報告データ（質問紙に対する回答や自己報告式尺度）の4つがある（ブロック）。パーソナリティを理解するには，この4つの方法を組み合せて，多面的な情報を利用することが大切である。

　一般的には，その人の行動を観察したり，直接会って話をしたりする方法がとられる。また，標準化された心理検査を用いて測定することもある。パーソナリティを測定する心理検査を大別すると，質問紙法，投影法，作業検査法の3つになる。これらは，信頼性（同一条件下の測定値が類似している程度）や妥当性（調べようとしている内容や概念をきちんと測定している程度）を満たしていることが必要である。

2. 質問紙法

　質問紙法とは，回答者が自らの属性・心理状態・行動傾向などを回答する方法のうちで，特にあらかじめ設定された質問文に本人が自発的に回答していく方法である。特徴として，質問紙は印刷されているので，多くの人々に対して一斉に実施でき，数量化も簡便で，個人間の比較が容易な点である。

また，本人が回答するので，率直に回答すれば外見からはわからない特性をとらえることもできる。しかし，設定された質問以外のことはわからないし，虚偽的な回答をした場合には正しい結果は得られない。また全員が質問文を正しく理解して回答したかどうかも気になる点である。

質問紙法の代表的なものとして，MMPI（ミネソタ多面人格目録），TEG（東大式エゴグラム），FFPQ（5因子性格検査），Y-G（矢田部・ギルフォード）性格検査などがある。日本でよく用いられているのが，Y-G性格検査である（図12-1）。12の性格特性を表す尺度について，それぞれ10の質問項目があり，全部で120問から構成されている。回答者は各質問について，「はい」，「どちらでもない」，「いいえ」の3つのうちのいずれかに印をつける。実施は集団で行われることが多く，採点も回答者自身でできる。

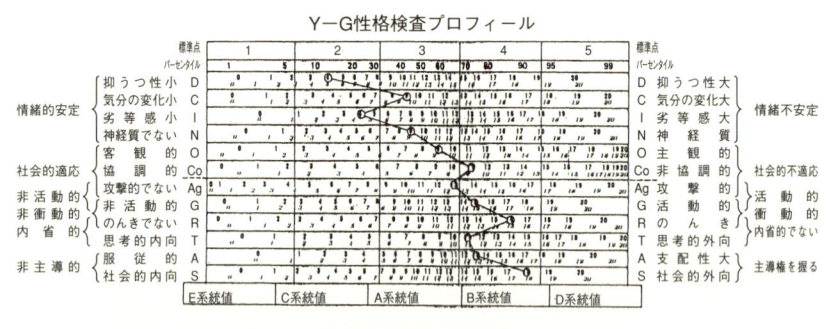

図12-1　Y-G性格検査の12尺度（辻岡，1965）

3. 投影法

投影法とは，あいまいな刺激を提示し，回答者の自由な反応を求め，その反応の中に投影された欲求や動機などを読み取る方法である。特徴として，回答者に自分の反応のもつ意味を気づかせないので，不当な緊張感を与えることなく，幅広い年齢層に実施できる点にある。しかし，実施と解釈には相当の経験と深い人間理解が必要とされる。

投影法は，与える刺激の性質によって，大きく4種類に分けられる。①視

覚刺激を用いるもの（ロールシャッハ・テスト，TAT，PFスタディなど），②言語刺激を用いるもの（SCT，言語連想テストなど），③表現を用いるもの（バウム・テスト，HTPテストなど），④遊戯や劇を用いるもの（箱庭療法，人形遊び法など）の4つである。

　ロールシャッハ・テストは1921年，スイスの精神科医ロールシャッハによって考案されたもので，左右相称の多義的なインクブロット（インクのしみ）図版10枚が用いられる（図12-2）。回答者にそれぞれの図版が何に見えたのかをたずね，その反応を反応領域（反応が図版のどの部分に対してなされたのか），反応決定因（反応が形態，運動，色彩など図版の何によって決定されたのか），反応内容（反応が人間，動物，植物などどのような内容か）などの観点から考察を加えるものである。

　TAT（主題統覚検査）は1935年，マレーとモーガンによって発表されたものである（図12-3）。特定の絵を提示しそれについての物語をつくらせ，欲求・コンプレックス・態度などを読み取る。PF（絵画欲求不満）スタディは，ローゼンツァイクの欲求不満理論に基づく検査として1945年に作られた（図12-4）。フラストレーション場面を見せて，その時にどのように対処するかの回答を求め，攻撃反応の方向などから解釈するものである。

図12-2　インク・ブロット（ロールシャッハ）テスト図版例（本明，1973）

図12-3　TAT図版（精研式，1961）

4. 作業検査法

　作業検査法とは，単純な作業を一定時間課し，作業量の結果や推移過程に着目して，パーソナリティの特徴を測定しようとする方法である。特徴として，課題が容易で取り組みやすいことや回答のゆがみが少ない，行動レベルのデータなので客観的である，回答者に検査の意図を知られない点などである。しかし，解釈に熟練を要したり，パーソナリティの限られた側面しか把握できないなどの問題もある。

　代表的なものとして，内田－クレペリン精神作業検査やベンダー・ゲシュタルト・テスト（まとまりやパターンの繰り返しのあるさまざまな模様・図形を描写する方法）がある。

　内田－クレペリン精神作業検査では，隣り合った2つの数字を次々に加算することが求められる（図12-5）。まず，1分単位で15分作業し，5分の休憩をはさんだ後，再度15分の作業を行う。結果は，作業量，誤数，作業曲線のパターンなどから判断され，テンポ，注意力，持続力などが調べられる。

図12-4　PFスタディ
　　　（住田ほか，1961）

図12-5　内田－クレペリン精神作業検査例（内田，1952）

13

精神的健康（メンタルヘルス）

1. 精神的健康（メンタルヘルス）

　精神的健康（メンタルヘルス）とは，ごく簡単にいえば，「その人の環境への適応と自己の能力を十分に発揮して成長していく能力と意志をもっていること」である。

　マズローは精神的に健康な人を「自己実現している人々」とし，生理的欲求，安全への欲求，所属・愛情の欲求，承認（自尊）の欲求などの欠乏欲求に基づいて行動するのではなく，自己実現の欲求による成長動機に基づいて行動する人であると述べた。ロジャーズは，カウンセリングの目標として精神的に健康な人を「十分に機能する人」とし，経験に対して意識的に開かれており，自己概念と経験の一致を維持する能力と傾向をもっている人である

表13-1　ロジャーズの十分に機能する人間（野島，1992）

① 自分の経験に対して開かれているであろう
② すべての経験を意識する可能性があるであろう
③ すべての象徴化は，経験的な資料の許す限り，正確になるであろう
④ 自己構造は，経験と一致するであろう
⑤ 自己構造は流動的なゲシュタルトになり，新しい経験を同化する過程において柔軟に変化するであろう
⑥ 自分自身を評価の主体として経験するであろう
⑦ いかなる価値の条件も持たないであろう
⑧ いろいろな状況に出会って，その時々の新しさに対する独特の創造的な順応をしていくであろう
⑨ 有機体的な価値づけを，最も満足できる行動への指針として，信頼に値するものと認めるであろう
⑩ 他人とともに最大の調和を保って生活することができるであろう

としている（表13-1）。フランクルは，不可避的な苛酷な運命に出会っても自由な意志と判断をもって，自分の人生に意味を見出して生きていくことのできる人を精神的に健康な人とし，「意味への意志」を重視している。

2. パーソナリティの正常と異常の基準

　パーソナリティの正常と異常とを区別するには，大きく3つの基準を基礎として，総合的に判断することが多い。
　①統計的な基準では，人の行動やパーソナリティを測定し，統計的に平均値を中心に一定の幅の中にはいっているものは正常とみなし，平均値から著しく外れているものを異常とみなす。②病理学的基準では，医学的観点からみて，比較的典型的な症状がなければ正常，あれば異常とする。③価値的基準では，その社会の文化，時代，価値体系に合っているかどうかという基準で決まる。
　正常と異常，適応と不適応，精神的健康と不健康というように，単純に2つに分けようとすると，とても難しい。これら3つの基準を総合して判断するよう努めることが必要である。

3. 人格障害

　人格障害（パーソナリティ・ディスオーダー）とは，その人のパーソナリティが「その人の属する文化から期待されるものから著しく偏り，広範でかつ柔軟性がなく，青年期または成人期早期に始まり，長期にわたり安定しており，苦痛または障害を引き起こす，内的体験および行動の持続的様式である」とDSM-Ⅳ（アメリカ精神医学会による精神疾患の診断・統計マニュアル，第4版）で定義されている。大きく3つのクラスター（まとまり）に分けられ，そこにいくつかの人格障害のタイプがある（表13-2）。
　①クラスターA：しばしば奇妙で風変わりに見える。妄想性人格障害・分裂

病質人格障害・分裂病型人格障害。

②**クラスターB**：しばしば演技的，情緒的で，移り気に見える。反社会性人格障害・境界性人格障害・演技性人格障害・自己愛性人格障害。

③**クラスターC**：しばしば不安または恐怖を感じているように見える。回避性人格障害・依存性人格障害・強迫性人格障害。

4. 神経症

神経症はドイツ語の「ノイローゼ」の訳語であり，簡潔にいえば，心理的な原因によって起こってくる心身の機能障害である。器質的には障害がないのに，心理的ストレスによって，器質的障害があるかのような機能的な障害があらわれる。

ICD-10（国際疾病分類第10版）の神経症的障害は7つに分類されている。①恐怖症的不安障害，②他の不安障害，③強迫性障害，④重度ストレス反応および適応障害，⑤解離性（転換性）障害，⑥身体表現性障害，⑦他の神経症性障害である。

表13-2　人格障害の内的体験および行動の持続的様式（APA, 1994）

妄想的人格障害	他人の動機を悪意のあるものと解釈するといった，不信と疑い深さの様式
分裂病質人格障害	社会的関係からの遊離および感情表現の範囲の限定の様式
分裂病型人格障害	親密な関係で急に不快になること，認知的または知覚的歪曲，および，行動の奇妙さの様式
反社会性人格障害	他人の権利を無視しそれを侵害する様式
境界性人格障害	対人関係，自己像，感情の不安定および著しい衝動性の様式
演技性人格障害	過度な情動性と人の注意をひこうとする様式
自己愛性人格障害	誇大性，賞賛されたいという欲求，および共感の欠如の様式
回避性人格障害	社会的制止，不適切感，および否定的評価に対する過敏性の様式
依存性人格障害	世話をされたいという全般で過剰な欲求のために，従属的でしがみつく行動を取る様式
強迫性人格障害	秩序，完全主義，および統制にとらわれている様式
特定不能の人格障害	いくつかの異なった人格障害の傾向が存在したり，どれにも分類されない様式

5. 躁うつ病（気分障害）

躁うつ病は，ドイツのクレペリンによって1899年に概念化され，「気分状態の周期的変動を呈して，人格の崩壊をきたさない精神病」と定義された。ICD-10では，躁うつ病は，気分（感情）障害の中の双極性感情障害と分類されており，DSM-Ⅳでもほぼ同様の分類である。気分の周期的変動とそれに伴う意志的側面の障害が主としてみられる。感情が昂揚し，意志発動が促進される躁状態と，ゆううつになり，意志発動が抑制されるうつ状態の2つの病相がある。典型的な躁うつ病では，この2つの病相が交互に周期的にあらわれるため，双極性障害とされる。うつ病相だけを示すものを，うつ病性障害（単極性うつ病）という。

6. 統合失調症

スイスの精神医学者ブロイラーにより1911年に提唱され，日本では2002年まで「精神分裂病」と呼ばれてきた概念である。ブロイラーは，精神の分裂が本質であるとし，主症状を4つのAで示した。①感情（Affect）の障害：感情の鈍麻・不調和，②連合（Association）の障害：思考の連鎖に論理的な関係づけがない，③自閉（Autism）：白昼夢的・内省的に自己の中に閉じこもる，④両価性（Ambivalence）：愛－憎のような相反する感情の並存。

DSM-Ⅳによる統合失調症（精神分裂病）の診断基準を，表13-3に示した。

7. 情緒障害

情緒障害という用語は，DSM-Ⅳでは採用されていないが，比較的なじみのある診断名で，子どもたちが精神的に不健康な状態におちいると，そのあらわれとして出てくる症状に用いられることが多い。

不適応行動としては，①反社会的行動：虚言・盗み・暴力・怠学・非行な

ど周囲の者に迷惑をかける行動，②非社会的行動：引っ込み思案・不登校・緘黙・孤立など集団参加ができない行動，③神経性習癖：チック・夜尿・頻尿・爪かみ・吃音・抜け毛など身体にあらわれた習癖上の問題で，それにより本人が苦しむ行動や状態，④その他の問題行動，の4つに分類される。

表13-3　DSM-Ⅳによる統合失調症（精神分裂病）の診断基準（APA, 1994）

A. 特徴的症状：以下のうち2つ（またはそれ以上），各々は，1ヵ月の期間（治療が成功した場合はより短い）ほとんどいつも存在。
   (1) 妄想
   (2) 幻覚
   (3) 解体した会話（例：頻繁な脱線または滅裂）
   (4) ひどく解体したまたは緊張病性の行動
   (5) 陰性症状，すなわち感情の平板化，思考の貧困，または意欲の欠如

   注：妄想が奇異なものであったり，幻聴がその者の行動や思考を逐一説明するか，または2つ以上の声が互いに会話しているものである時には，基準Aの症状1つを満たすだけでよい。

B. 社会的または職業的機能の低下：障害のはじまり以降の期間の大部分で，仕事，対人関係，自己管理等の面で1つ以上の機能が病前に獲得していた水準より著しく低下している（または小児期や青年期の発症の場合，期待される対人的，学業的，職業的水準にまで達しない）。

C. 期間：障害の持続的な徴候が少なくとも6ヵ月間存在する。

―― THE PSYCHOLOGIST ――

ロジャーズ　Rogers, Carl Ransom（1902〜1987）

　1902年イリノイ生まれ。1924年ウィスコンシン大学史学科，1931年コロンビア大学大学院を修了。1940年にオハイオ州立大学心理学教授，1957年ウィスコンシン大学心理学および精神医学教授に就き，アメリカ応用心理学会の会長も務めた。
　ロジャーズは，クライエント中心療法を提唱し，それを実践した心理療法家であり，自己理論家である。自己概念と経験の場が一致することがパーソナリティ発達の目的とする考え方とそれを援助する技法は今日の臨床心理家に多くの影響を与えている。

メンタルヘルスの診断基準

現在，日本で精神障害の分類としてよく用いられている診断基準として，DSM-ⅣとICD-10がある。

DSM-Ⅳ

アメリカ精神医学会（APA）の「精神疾患の診断・統計マニュアル」。現在は1994年に改訂されたDSM-Ⅳが用いられている。精神遅滞などの「通常，幼少期，小児期または青年期に初めて診断される障害」，アルコール依存症などの「物質関連障害」，うつ病などの「気分障害」など17のカテゴリーと，カテゴリーが特定不能といった場合に用いられる「付加的コード番号」が示されている（表1）。

表1　DSM-Ⅳによる分類

1	通常，幼児期，小児期または青年期に初めて診断される障害
2	せん妄，痴呆，健忘および他の認知障害
3	一般身体疾患による精神疾患
4	物質関連障害
5	精神分裂病および他の精神病性障害
6	気分障害
7	不安障害
8	身体表現性障害
9	虚偽性障害
10	解離性障害
11	性障害および性同一性障害
12	摂食障害
13	睡眠障害
14	他のどこにも分類されない衝動制御の障害
15	適応障害
16	人格障害
17	臨床的関与の対象となることのある他の状態
18	付加的コード番号

ICD-10

世界保健機関（WHO）の「疾病および関連する健康の諸国際統計分類」。最新版は，第10版で，1992年に発表された。日本でも厚生省により採用されている。全部で21章からなり，その中の第Ⅴ章「精神および行動の障害」が精神保健に関する部分である。「症状性を含む器質性精神障害」，「精神分裂病，分裂病型障害および妄想性障害」など10

種類の診断基準が示されている（表2）。

表2　ICD-10における「精神および行動の障害」の分類

F00-F09	症状性を含む器質性精神障害
F10-F19	精神作用物質使用による精神および行動の障害
F20-F29	精神分裂病，分裂病型障害および妄想性障害
F30-F39	気分（感情）障害
F40-F48	神経症性障害，ストレス関連障害および身体表現性障害
F50-F59	生理的障害および身体的要因に関連した行動症候群
F60-F69	成人の人格および行動の障害
F70-F79	精神遅滞
F80-F89	心理的発達の障害
F90-F98	小児（児童）期および青年期に通常発症する行動および情緒の障害
F99	詳細不明の精神障害

THE PSYCHOLOGIST

フロイト　Freud, Sigmund（1856～1939）

　フライベルク（現在のプリボール）生まれ。1881年にウィーン大学医学部を卒業し、1885年同大学神経病理学講師に就き、留学先のパリでシャルコー（J.M.Charcot）にヒステリー研究を学び、後の精神分析学を生み出した。

　ヒステリー研究に始まり、夢や言い間違いなどの日常生活の深層心理を明らかにし、文明論も展開した。多くの著作があり、わが国では「精神分析入門」に始まる「フロイト撰集（全17巻）」などが出版されている。

14 自分を知る

1. 自分とは何か

(1) 自己（主我・客我）

　自己に関する心理学的論考は，古くは19世紀末のジェームズにさかのぼることができる。彼は自己を，主体としての自己（主我；I；self as a knower）と客体としての自己（客我；me；self as a known）という2つの側面からとらえようとした。しかし自分を意識したり，自分について考えてみた時，その自己はすでに「自分が自分を客体的にみつめる時の対象」，すなわち客我であり，主我をそのままとらえることはなかなかむずかしい。

(2) 自己概念・自己意識

　客我を体系化したものが自己概念である。「自分はこれこれこういう人間である」といった時の，その内容にあたる。ジェームズはこれを物質的自己（身体，財産など），社会的自己（他者からもたれているイメージ），精神的自

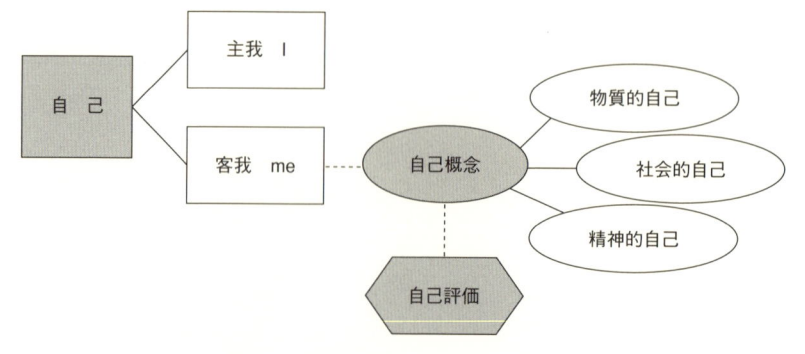

図14-1　自己の構造（ジェームズ，1892）

己（意識状態，心的能力・傾向）という3つの構成要素から考えた（図14-1）。ほかに，たとえば榎本は，精神的自己（知的能力・思想など），身体的自己（身体イメージなど），社会的自己（地位・職業など），物質的自己（衣服・住居など），血縁的自己（家族・先祖など）という分類により自己概念をとらえている。また時間軸を組み入れた視点から，現実自己（現在の自分），過去自己（過去の自分），理想自己（なりたい自分），可能自己（なりうる自分），当為自己（かくあるべき自分）などの分類も可能である。

　自己意識は，主我も客我も，自己概念も自己評価も含み込む，自己に関するもっとも包括的な概念である。それは「自分自身に意識を向ける，あるいは認知的に把握する過程・状態」と考えればよいだろう。

　図14-1には，自己，自己概念，自己評価の関係が示されている。

(3) 自己意識の芽生え

　そもそも私たちが自己意識をもつようになるのはいつ頃なのだろうか？

　鏡に映る自分の姿を見て，子どもがどのような反応を示すか調べる課題（マーク・テスト）がある。子どもの鼻の頭に気づかれないよう口紅を塗り，その姿を鏡に映して，子どもが自分の鼻に触るかどうかを見るのである。鏡を見て子どもが自分の鼻を触れば，その子は鏡の中に映る自己像（客我）と，鏡のこちら側でその存在を直接感じている自己（主我）とを同一視することができたということになる。ルイスとブルックス－ガンによれば，自分の鼻に触るという行動が初めて見られたのは15か月時点で，21か月時の子どもではほとんどに見られるようになっていた。およそ1歳半から2歳にかけて子どもは客我を認識できるようになる。そして主我の感覚をもつのはこれより先行するものと考えられている。いわば，客我の他者性（他者の視点）を主我という自己性に取り込むことで，初めて自己意識は明確化する。自己の形成，発達にとって他者あるいは社会との関わりは重要である。前述のジェームズや，クーリー，ミードは，自己は社会過程の中でこそ形成されるとし，その社会的側面を重視した。

2. 自分をみる

(1) 自己開示と自己評価：ジョハリの窓

　自己概念の中で，評価的側面を自己評価あるいは自尊感情と呼ぶ。まず，自分自身に関する情報の領域を「ジョハリの窓」という観点から分類し，自己開示と自己評価との関係を見てみよう。「ジョハリ」とは，考案者のジョーゼフ・ルフト，ハリー・インガムの名前を合成してつけられたものである。

　自分に関する情報を自身が知っているか否か，他者が知っているか否かという2つの次元の組み合わせにより，開放領域，盲点領域，隠蔽領域，未知領域の「心の4つの窓」があらわれる（図14-2）。私たちは，自分は知っているが相手は知らない自分についての情報を自己開示して，開放領域を広げる。そうすると，その開示内容に対して相手は何らかの評価をフィードバックしてきたり，または相手も返報として自己開示をしてきたりする。その結果，それまで自分が知らなかった自分自身の情報を知ることができ，また相手の情報をもとに比較を行うことができるので，より適切な自己評価を行えるようになる。それによって自己理解が進み，開放領域が拡大する。

　なお，自己開示とは，相手が知らない自分に関する情報だけでなく，相手がすでに知っている情報の伝達をも含む。

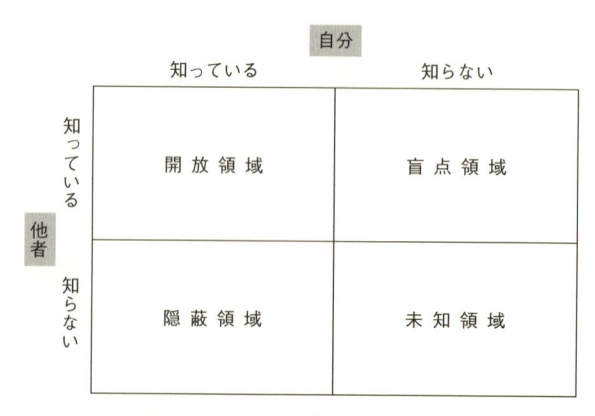

	自分	
	知っている	知らない
他者 知っている	開放領域	盲点領域
他者 知らない	隠蔽領域	未知領域

図14-2　ジョハリの窓（ルフト, 1969）

(2) 自己評価と感情，適応：現実自己と理想自己のズレ

　私たちは自分を賞賛して誇らしく感じたり，逆に，卑下して落ち込んだりする。ある基準をもって現在の自分を評価し，そこから優越感や劣等感を抱くのである。自己評価の問題は，適応や精神的健康を考える上で非常に重要となる。

　ヒギンズは，人が感情的に悩み苦しむのは，その人が把握している現実自己の内容それ自体より，それと，自己の指針となる理想自己や当為自己との相互関係の問題によると考えた。現実－理想自己のズレ，現実－当為自己のズレのあり方によってさまざまな否定的感情が生じる。そしてそのズレを縮小するように，人の行動は動機づけられるという。彼は，①現実自己，②理想自己，③当為自己という3つの領域と，①自己，②重要な他者（親や親友・友人など）という2つの視点を組み合わせて6タイプの自己を設定し，現実－理想自己のズレ，および現実－当為自己のズレから生じる感情について表14-1のように説明した（ただし，図中にはそのうち4タイプのみ）。これによれば，現実－理想自己のズレは，理想や願望が未達成の状態であるため，失望や不満などの落胆感情を生む。また現実－当為自己のズレは，義務や責任（と感じること）が実行されていない状態であり，何らかの制裁を予期して不安や緊張，恐怖などの動揺感情を生む。

　現実自己と理想自己のズレ（の大きいこと）は，いわゆる不適応の1つの要

表14-1　諸自己間のズレと感情の関係（ヒギンズ，1987；宮沢，1998）

諸自己のずれ	現実自己／本人：理想自己／本人	現実自己／本人：理想自己／他者	現実自己／本人：当為自己／本人	現実自己／本人：当為自己／他者
心理学的状態	肯定的所産の欠如	肯定的所産の欠如	否定的所産の存在	否定的所産の存在
感情の種類	落胆感情 失望，不満	落胆感情 羞恥，困惑 意気消沈	動揺感情 罪悪感，自己軽蔑 不安感	動揺感情 恐れ，脅威感情
動機づけ	フラストレーション	他者からの愛情や尊敬の喪失	道徳的無価値感 弱さ	ルサンチマン（社会的怨恨）

因になっているといわれる。そのズレを直接，不適応の指標とする場合もある。しかし無論，現実－理想自己のズレがただちに不適応状態を導くわけではない。そのズレは否定的な機能だけでなく，おそらく自己形成や成長を促す肯定的な側面をもつ。青年期にはこの現実－理想自己のズレが大きくなることが示されているが，とくに青年にとって，無理かもしれないと思えるような夢や理想の自分を描くことは，達成行動の大きな原動力に変わる場合もあるだろう。問題は，単なる現実－理想自己のズレの大きさではなく，その背後に隠れている部分にあるのかもしれない。現実自己や理想自己の内容，質，あるいはそのズレのとらえ方なども検討すべきだろう。

3．自分の知らない自分

（1）意識と無意識

　精神分析学の創始者であるフロイトは，心の働きの過程を意識・前意識・無意識という3つの層に分けて考えた。意識の下，もっとも深層にある無意識は，抑圧され忘れられた記憶や観念を内容とする領域である。意識と無意識との中間の層にあるのが前意識であり，日ごろは意識されていないが，思い出そうという意志や注意を傾けることによって意識に上ってくる記憶や観念の領域である。精神分析は，意識とは遠く隔てられながら意識にたえず影響を与えている無意識の部分を重視する。

　フロイトはまた，パーソナリティをイド（エス）・自我・超自我という心的構造からとらえ，それぞれの機能と力動的な相互の関係について次のように説明した。イドは苦痛を避け，快を求める本能的欲求である。自我は現実原則に基づき，快楽原則にしたがうイドを制御して社会で認められるような行動に置き換える働きをする。超自我とは社会的価値規範が内在化されたものであり，自我の検閲者としての役割を果たす。つまり，自我は現実の状況に合わせてイドと超自我の間を調整しながら，安定した精神活動を中心となって担っている。

　意識・前意識・無意識とイド・自我・超自我との図式的関係構造は，図14-3

のようになる。これを心的装置と呼ぶ。

(2) 個人的無意識と集合的無意識

ユングは無意識を，さらに個人的無意識と集合的無意識（普遍的無意識）の2つの層から構成されると考えた。後者の集合的無意識は，個人的無意識のさらに奥にあり，人類が普遍的にもつものであるというユング独自の考えである。彼は，時代的・地域的につながりのないところに伝わる神話や昔話などにみられるモチーフの共通性に気づき，この概念を着想した。彼は，意識と無意識との関係を補償的・調和的であると主張している。

私たちには自身の意識に上らない無意識の自分—自分の知らない自分—の部分があり，そこにもさまざまな意味で大きな可能性が潜在しているかもしれない。

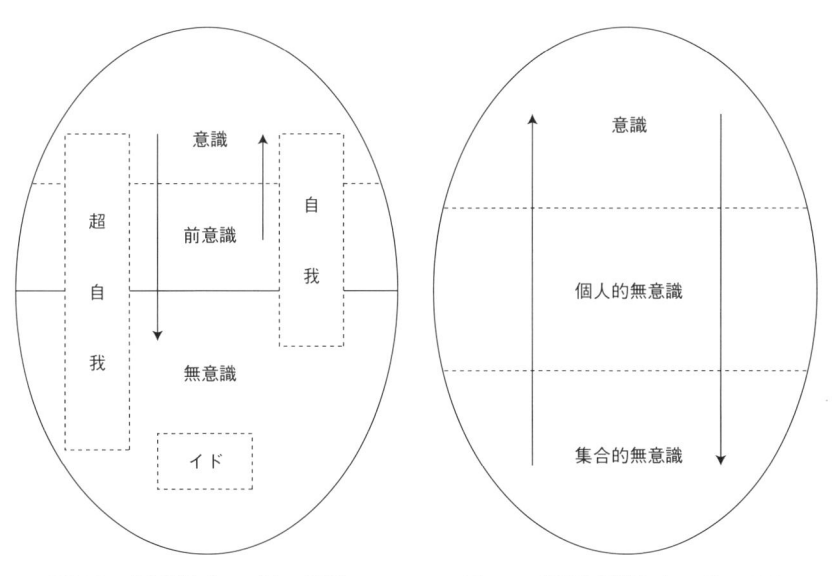

図14-3　心的装置（フロイト，1923）　　**図14-4　無意識の構造**（ユング，1921）

15

知の働き

1．心理学からみた知能

（1）知的適応能力

　人間の頭脳の知的な働きは，20世紀初頭のフランスにあらわれたビネーから始まり，以後は学校への知的な適応能力としての知能観が広まった。欧米各地でビネー式の知能検査が翻案・実用化され，わが国でも田中Ｂ式知能検査などが開発されている（図15-1）。1970年代からは，特定の受検者グループに対する文化的な不利益，検査の精度や妥当性，検査の利用法に関する諸問題への批判が高まっている。知能の定義は，「新しい事柄を学習する能力」「抽象的思考力」「目的的に行動し，合理的に思考し，効果的に環境を処理する，個人の総合的・全体的能力」などさまざまである。

　以下では，よく知られたいくつかの知能モデルについて紹介し，さらに個人の知的な働きの過程から見た思考研究の一端を解説する。

（2）知能の構造

　サーストンは，知能が次の7つの因子からなるとみなした。この考えは，

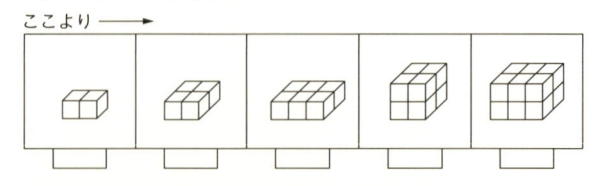

図15-1　田中Ｂ式知能検査の問題例（辰野，1995）p.35より

現在も多くの知能検査や人事場面（たとえば公務員試験の一般知能問題など）に部分的に反映されている。

①空間的因子：模写，折り紙切りなど，平面・立体図形を視覚で知覚する能力

②数的因子：簡単な計算問題を解く能力

③言語理解の因子：語い，理解度，同義語などの言語的概念を取り扱う能力

④語の流暢さの因子：簡単な同義語列挙など，速く柔軟に考える能力

⑤記憶的因子：語，数字，デザインなどの材料を速く記憶する能力

⑥帰納的因子：与えられた材料から一般的規則，原理を帰納する能力

⑦知覚的因子：知覚的判断の速さに関係する能力

R.B.キャッテルは，これを受けて，流動性知能，結晶性知能という2つの因子への単純化を試みている。流動性知能は，遺伝的規定を強く受けている知能であり，サーストンの①空間的因子のような非言語性の因子と深く関わる。結晶性知能は学習経験や一般的経験によって身に付いた能力（結晶化された能力）であり，サーストンの②数的因子，③言語理解の因子などと深く関わる。

このほかにも，数多くの知能モデルが提案されている。ギルフォードは，120因子からなる知能の立体モデルを提唱した。また，集中的思考（収束的思考）と拡散的思考（発散的思考）を区別し，後者は創造性研究に影響を与えている。ガードナーは，知能の構成要素として，言語的知能，音楽的知能，論理的－数学的知能，空間的知能，身体的－運動感覚的知能，対人的知能，個人内知能をあげている。

絵柄配列

なん枚かの絵を提示して，1つの物語になるような正しい順序に並べかえさせる。

図15-2　WAIS-Rの構成図（絵画完成）（花沢他，1998）p.139より

(3) ウェクスラーの知能検査

　知能の臨床的な診断を目的として構成されたのがアメリカのウェクスラーによる検査である。1939年以来改訂が重ねられ，わが国でもWPPSI（幼児用），WISC-Ⅲ（児童用），WAIS-R（成人用）などが翻案・標準化され（図15-2），病院や児童相談所などで使われている。この検査は，言語性知能指数，動作性知能指数，全体の知能指数が算出できる点に特徴がある。一説には，ホーンとR.B.キャッテルらのいう結晶性知能は言語性知能，流動性知能は動作性知能に近いともいわれる。図15-3はアメリカでのWAIS-Rの標準化データであるが，動作性知能の方が年齢の影響を受けて急激に低下している。

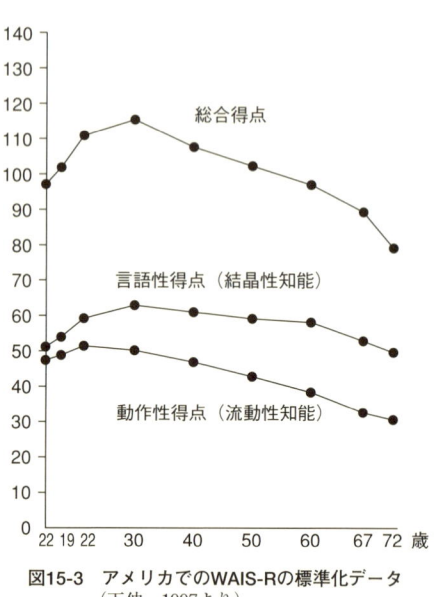

図15-3　アメリカでのWAIS-Rの標準化データ
（下仲，1997より）

2. 個人の知的な問題解決の過程

(1) 問題解決

　ここでは，思考あるいは認知研究の一端を示す。人がある状態にいて，現在とは異なる目標状態をもっていて，そのギャップを近づけて現在の状態を目標の状態に到達させることを問題解決という。最初の状態を初期状態といい，初期状態と目標状態とのズレのことを問題と呼ぶ。問題解決には，計算，創造，演繹，帰納がある。問題を解決する過程を調べるには，行動観察，発語思考（プロトコル），内観報告などを用いる。問題解決の過程は，問題（課題）の要因と，解決者の要因から検討される。

(2) 演繹推理

　与えられた前提が正しいとして，そこから正しい結論を導くときの思考を演繹推理という。数学，論理学では正しい推理を扱うが，心理学では人間が日常に行う推理（あるいは推論）を扱う。したがって，私たちが間違いやすい推理の過程が検討される。

　図15-4は4枚カード問題，あるいはウェイソンの選択課題と呼ばれる課題であり，ミスを誘いやすい問題である。大学生でも「E」と「4」のカードを選んだり，「E」だけを選択するというミスを犯す。論理的には「E」と「7」のカードを裏返して確認するのが正解であるが，この2つを選んだ者はほとんどいなかった。このように間違いやすい課題がある。

　一方，解決者の要因も考えられる。その1つは動機づけであり，このほかにもパーソナリティ要因などが複雑に関与する。

　　　問題："片方が母音なら，その裏面は偶数でなければならない"という
　　　　　　規則が守られているかを見るために，以下の4枚のカードのうち
　　　　　　どれかを裏返して調べる必要があるか。

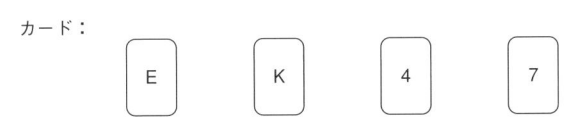

　カード：

　　　　　　　E　　　K　　　4　　　7

　　　　　　図15-4　ウェイソンの4枚カード問題
　　　　　　　　　　（ウェイソン,1966）中島(1994)より

(3) 確からしさの推論

　私たちは日常で直感的に判断をするが，時にそれが不確かなものであることが知られる。有名な問題として，トヴァスキーとカーネマンによるリンダ問題（図15-5）をやってみよう。

　論理学的に見ると，「銀行の出納係」(A)，「男女同権主義運動をする」(B)，「銀行の出納係であり，男女同権主義運動をする」($A \cap B$) の確率は図15-5のように図示される。したがって，「$A \cap B$」の確からしさは，Aと同じか，それよりも低くなるはずである。ところが，大学生に判断を求めた実験結果によると，「B」→「$A \cap B$」→「A」のような順で確からしいとする判断が多く得られた。これは，連言錯誤と呼ばれていて，私たちの判断に何らかの心

理的なバイアス（片寄り）があることを示している。おそらく，日常的な何らかの経験によって体得した方略（ストラテジー）がうまく働かずに，適切な判断にバイアスを与えているのだろう。

身のまわりには，陥りやすいバイアスが多くある。特に，テレビやインターネットなどの高度なメディアに接触している私たちは，情報を鵜呑みにして安易な判断をするのではなく，メディアリテラシー（メディアの癖を理解した情報受信・発信力）を磨くことも大切となる。

まず，以下のリンダに関する説明を読みなさい。

　　リンダは31歳，独身，率直でたいへん聡明な人である。彼女は大学で哲学を専攻した。学生時代には，差別や社会的公正の諸問題に深い関心をもち，反核デモにも参加した。

次に，以下のそれぞれの可能性（確率）について，高いものから順位（1～8）をつけなさい。
（　）リンダは小学校の教師である。
（　）リンダは書店で働いており，ヨガの講習に通っている。
（　）リンダは男女同権主義運動をしている。
（　）リンダは精神医学のソーシャルワーカーである。
（　）リンダは女性有権者同盟の一員である。
（　）リンダは銀行の出納係である。
（　）リンダは保険の外交員である。
（　）リンダは銀行の出納係であり，男女同権主義運動をしている。

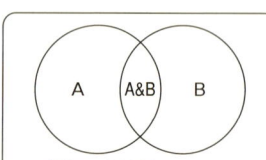

A：銀行の出納係。
B：男女同権主義運動をする。
A&B：銀行の出納係で男女同権主義運動をする。

図15-5　リンダ問題（トヴァスキーとカーネマン，1982）中島（1997）による

16 知の障害

1. 痴呆

　痴呆とは，いったん獲得された知能が，脳の器質的障害により，段階的または持続的に低下することをいう。痴呆は，おもに脳血管性の痴呆とアルツハイマー型痴呆の2種類に分類される。

　①脳血管性痴呆：脳梗塞やクモ膜下出血などの脳血管性の障害の結果，生じる痴呆である。成人期に高血圧や糖尿病にかかり，治療が十分でなかった人が，老年期に入り発症することが多い。知的障害は，脳全体にあらわれるのではなく部分的である。そのため，まだら痴呆とも呼ばれる。発症は急激であり，発作のたびに悪化し，階段状に進行する。

　②アルツハイマー型痴呆：ドイツの精神科医アルツハイマーによって報告された痴呆である。脳全体の萎縮や脳の神経細胞の脱落が見られる。知的障害は重く，知的機能は全般的に低下する。発症は比較的ゆっくりであり，徐々に進行する。病識がないことが多い。

(1) 痴呆の症状

　痴呆は次のような段階を経て進行する。

　①初期：記憶障害が出始める。この段階では，通常の高齢者の記憶能力の低下とそれほど変わらない。短期記憶以外に意味記憶の低下が見られるようになると，痴呆の初期症状である可能性が高い。自立生活は比較的可能である。

　②中期：記憶障害はいっそうひどくなる。また，さまざまな行動障害が見られるようになる。よく見られる行動障害は，徘徊（はいかい）（あてもなく自宅近辺を

さまよう），妄想（被害妄想，罪業妄想，嫉妬妄想，貧困妄想，物取られ妄想など），幻覚（幻視，幻聴，幻触など），異食（通常は食さないものを口に入れる），暴力（家族や周囲の人に危害を与える，自傷行為，物を壊すなど），作話（思い出せない場合に取り繕うために話を作る），不潔行為（排泄物をもてあそぶ，尿を撒き散らす）などである。自立生活は困難となり，介助が必要となる。

③後期：自分が現在いる場所がどこなのか（場所の見当識），時間が何時なのか（時間の見当識），自分は誰なのか（人物の見当識）といった現実認識能力が完全に失われる。この段階では全面的介助が必要となる。

(2) 痴呆の診断

痴呆を診断する検査には，精神医学的な診察に加えて，脳の画像診断，各種痴呆検査を組み合わせて診断を行う。

①脳の画像診断：CT（コンピュータ断層撮影），MRI（磁気共鳴像）などによる脳の画像診断である。図16-1は健康な人の脳のCT画像であり萎縮は見られない。図16-2は，痴呆高齢者の脳の画像であり，中央付近に萎縮が見られる。

②痴呆検査：痴呆検査として，知能評価テストと行動観察評価スケールが使用されている。知能評価テストには，改訂長谷川式簡易知能評価スケール（HDS-R），国立精研式痴呆スクリーニングテストなどがある。改訂長谷川式

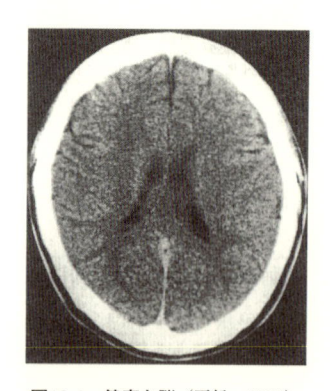

図16-1　健康な脳（平松，2000）

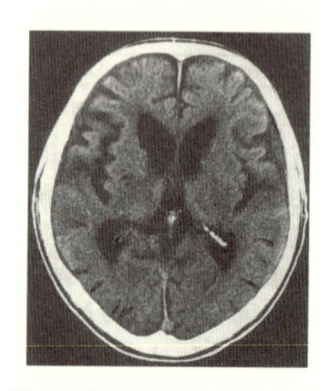

図16-2　痴呆高齢者の脳（目黒，1992）

簡易知能評価スケールは，日本で最も代表的な痴呆検査である。行動観察評価スケールは，日常生活上の行動や能力について，家族や介護者から得られた情報をもとに評価するものである。代表的なものとして，柄澤式－老人知能の臨床的判定基準（表16-1）が使用されている。

2. 知的障害

知的障害とは，知的機能（認知，記憶，思考，学習）の発達水準が，その子どもの実際の年齢の標準的な発達よりも明らかに遅れている状態である。福祉や行政の分野では，従来「精神薄弱」という語が使用されていたが，最

表16-1　柄澤式－老人知能の臨床的判定基準の例（柄澤，1981）

判定		日常生活能力	日常会話・意思疎通	具体的例示
正常	（－）	社会的，家庭的に自立	普通	活発な知的活動持続（優秀老人）
	（±）	同上	同上	通常の社会活動と家庭内活動可能
異常 衰退	軽度(+1)	・通常の家庭内での行動はほぼ自立 ・日常生活上，助言や介助は必要ないか，あっても軽度	・ほぼ普通	・社会的な出来事への興味や関心が乏しい ・話題が乏しく，限られている ・同じことを繰り返し話す，たずねる ・いままでできた作業（事務，家事，買物など）にミスまたは能力低下が目立つ
	中等度(+2)	・知能低下のため，日常生活が1人ではちょっとおぼつかない ・助言や介助が必要	・簡単な日常会話はどうやら可能 ・意思疎通は可能だが不十分，時間がかかる	・なれない状況で場所を間違えたり道に迷う ・同じ物を何回も買い込む ・金銭管理や適正な服薬に他人の援助が必要
	高度(+3)	・日常生活が1人ではとても無理 ・日常生活の多くに助言や介助が必要，あるいは失敗行為が多く目が離せない	・簡単な日常会話すらおぼつかない ・意思疎通が乏しく困難	・なれた状況でも場所を間違え道に迷う ・さっき食事したこと，さっき言ったことすら忘れる
	最高度(+4)	同上	同上	・自分の名前や出生地すら忘れる ・身近な家族と他人の区別もつかない

近では「知的障害」という用語が使用され，精神医学の分野では「精神遅滞」と呼ばれている。ICD-10では，「精神遅滞は精神の発達停止あるいは発達不全の状態であり，発達期に明らかになる全体的な知的水準に寄与する能力，たとえば認知，言語，運動および社会的能力の障害」と定義づけられている。

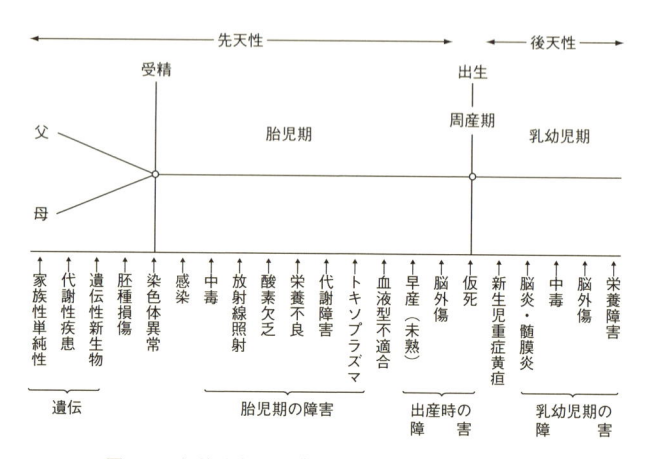

図16-3　知的障害を生ずる要因（柚木・白崎，1998）

先天性：受精〜胎児期〜出生〜周産期／後天性：乳幼児期

- 遺伝：家族性単純性，代謝性疾患，遺伝性新生物，胚種損傷
- 胎児期の障害：染色体異常，感染，中毒，放射線照射，酸素欠乏，栄養不良，代謝障害，トキソプラズマ，血液型不適合
- 出産時の障害：早産（未熟），脳外傷，仮死，新生児重症黄疸
- 乳幼児期の障害：脳炎・髄膜炎，中毒，脳外傷，栄養障害

表16-2　DSM-Ⅳによる精神遅滞の診断基準（APA, 1994）

A. 明らかに平均以下の知的機能：個別施行による知能検査で，およそ70またはそれ以下のIQ（幼児においては，明らかに平均以下の知的機能であるという臨床的判断による）。
B. 同時に，現在の適応機能（すなわち，その文化圏でその年齢に対して期待される基準に適合する有能さ）の欠陥または不全が，以下のうち2つ以上の領域で存在：意志伝達，自己管理，家庭生活，社会的／対人的技能，地域社会資源の利用，自律性，発揮される学習能力，仕事，余暇，健康，安全。
C. 発症は18歳未満である。
▶知的機能障害の水準を反映する重症度に基づいてコード番号をつけること：
　317　　軽度精神遅滞　　　IQレベル50-55からおよそ70
　318.0　中等度精神遅滞　　IQレベル35-40から50-55
　318.1　重度精神遅滞　　　IQレベル20-25から35-40
　318.2　最重度精神遅滞　　IQレベル20-25以下
　319　　精神遅滞，重症度は特定不能　精神遅滞が強く疑われるが，その人の知能が標準的検査では測定不能の場合

(1) 原　因

　知的障害の生物学的要因には図16-3のようなものが考えられるが，原因不明の場合も多い。また原因がわかっている場合でも，完全に治療することができない場合がほとんどである。

(2) 分　類

　知的障害の診断には，田研・田中ビネー検査やWISC-Ⅲなどの知能検査が用いられており，知能指数（IQ）により軽度，中度，重度，最重度に分類される。表16-2にDSM-Ⅳによる精神遅滞の診断基準を示した。軽度の知的障害と正常の境界線は，1回の知能検査結果だけで判断するのではなく，日常生活場面での行動からも判断する必要がある。

── THE PSYCHOLOGIST ──

ユング　Jung, Carl Gustav　（1875〜1961）

　スイスのゲスヴィル生まれ。1900年にバーゼル大学で医学博士の学位を取得。1907年にフロイトと出会い，1911年に国際精神分析学会の初代会長となる。しかし，1912年にフロイトの性欲説，無意識の考え方に反する「リビドーの変遷と象徴」を著したことで，決別した。その後，独自の「分析心理学」を提唱した。ユングは，無意識を個人的無意識と人類に普遍的な集合的無意識に分け，無意識の内容として抑圧された性的なものだけではなく，創造的なものも含めた。原型としての民族無意識を研究することによって個人の無意識を理解する助けになるという意味から，人間の夢や幻覚，空想に興味をもつと同時に未開民族の神話，宗教や風俗習慣などに興味を示した。1948年，チューリッヒにユング研究所が設立され，研究および教育の機関として活動している。

17

育つ道筋

1. 発　達

　私たちの育つ道筋は，発達の問題として取り扱われる。発達心理学は，「精神発達を対象として時間経過に従って生じる発達的変化についての一般的な特徴や法則性を記述するとともに発達的変化を推し進める要因についても検討を試みる心理学の一分野」（田島）である。

2. 幼児の発達における特徴

(1) 方向性
　発達の進行には，一定の方向と順序がある。身体の発達においては図17-1のように，頭部に近いところから尾部へ，中心部から周辺部へという方向性が見られる。

(2) 分化と統合
　ウェルナーは「発達とは，全体的，未分化な状態から次第に分化，分節しつつ，階層的統合（中心化）の状態へと進む過程である」と述べている。つまり，分化という方向とともに，それらを全体的な構造へと統合していくことが発達の過程である。

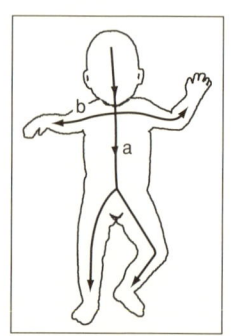

a：頭部―尾部勾配

b：中心部―周辺部勾配

図17-1　身体発達の進行方向

(3) 臨界期

 生まれたばかりのハイイロガンのヒナが最初に見たものの後をついて歩くといった現象がある。これは，ドイツの動物行動学者ローレンツによって見出された刻印づけと呼ばれる現象で，生後間もない時期に見られるものである。特定の時期をはずれると，その時期特有の発達が困難になるという臨界期の例の1つである。

3. 発達段階と発達課題

 私たちの一生には社会的・身体的・精神的にさまざまな変化が起こる。生涯の発達過程を区分して，発達時期の特徴をとらえやすいように，発達段階がさまざまな研究者によって設定されている（表17-1）。ハヴィガーストは，健全に発達するために，それぞれの発達時期で果たさなければならない発達課題を提案した（表17-2）。この課題は，身体的な成熟，社会からの要求や圧力，個人の達成しようとする目標や努力などから生じるものである。これらを参考にすることによって，それぞれの発達時期での働きかけや目標設定，発達状況の評価ができる。

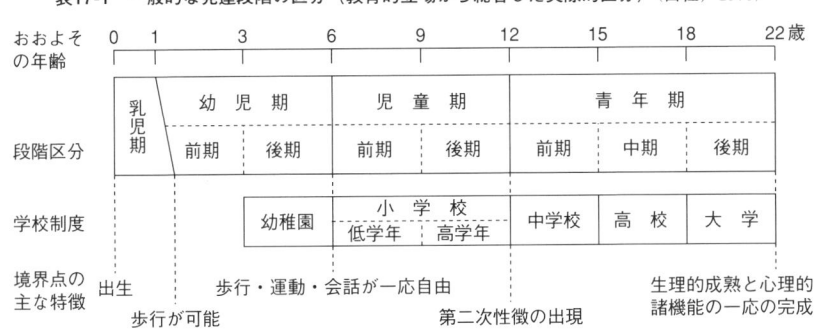

表17-1　一般的な発達段階の区分（教育的立場から総合した実際的区分）（白佐，1979）

おおよその年齢	0	1	3	6	9	12	15	18	22歳
段階区分	乳児期	幼児期		児童期		青年期			
		前期	後期	前期	後期	前期	中期	後期	
学校制度			幼稚園	小学校 低学年	小学校 高学年	中学校	高校	大学	
境界点の主な特徴	出生	歩行が可能	歩行・運動・会話が一応自由		第二次性徴の出現		生理的成熟と心理的諸機能の一応の完成		

表17-2 ハヴィガースト（1953）の発達課題（荘司，1995より）

(a) 乳幼児期
① 歩行の学習
② 固形の食物をとることの学習
③ 話すことの学習
④ 大小便の排泄を統御することの学習（排泄習慣の自立）
⑤ 性の相違および性の慎みの学習
⑥ 生理的安定の獲得
⑦ 社会や事物についての単純な概念形成
⑧ 両親、きょうだいおよび他人に自己を情緒的に結びつけることの学習
⑨ 正・不正を区別することの学習と良心を発達させること

(b) 児童期
① 普通のゲーム（ボール遊び、水泳など）に必要な身体的技能の学習
② 成長する生活体としての自己に対する健全な態度の養成
③ 同年齢の友だちと仲よくすることの学習
④ 男子または女子としての正しい役割の学習
⑤ 読み、書き、計算の基礎的技能を発達させること
⑥ 日常生活に必要な概念を発達させること
⑦ 良心、道徳性、価値の尺度を発達させること（内面的な道徳の支配、道徳律に対する尊敬、合理的価値判断力を発達させること）
⑧ 人格の独立性を達成すること（自立的な人間形成）
⑨ 社会的集団ならびに諸機関に対する態度を発達させること（民主的な社会的態度の発達）

(c) 青年期
① 同年齢の男女両性との洗練された新しい関係を学ぶこと
② 自己の身体構造を理解し、男性または女性としての役割を理解すること
③ 両親や他の大人からの情緒独立
④ 経済的独立に関する自信の確立
⑤ 職業の選択および準備
⑥ 結婚と家庭生活の準備
⑦ 市民的資質に必要な知的技能と概念を発達させること（法律、政治機構、経済学、地理学、人間性、あるいは社会制度などの知識、民主主義の問題を処理するために必要な言語と合理的思考を発達させること）
⑧ 社会的に責任のある行動を求め、かつなしとげること
⑨ 行動の指針としての価値や倫理の体系の学習、適切な科学的世界像と調和した良心的価値の確立（実現しうる価値体系をつくる。自己の世界観をもち、他人と調和しつつ自分の価値体系をまもる）

(d) 壮年初期
① 配偶者の選択
② 結婚相手との生活の学習
③ 家庭生活の出発（第一子をもうけること）
④ 子どもの養育
⑤ 家庭の管理
⑥ 就職
⑦ 市民的責任の負担（家庭外の社会集団の福祉のために責任を負うこと）
⑧ 適切な社会集団の発見

(e) 中年期
① 大人としての市民的社会的責任の達成
② 一定の経済的生活水準の確立と維持
③ 十代の子どもたちが信頼できる幸福な大人になれるよう援助すること
④ 大人の余暇活動を充実すること
⑤ 自分と自分の配偶者をひとりの人間として結びつけること
⑥ 中年期の生理的変化を理解し、これに適応すること
⑦ 老年の両親への適応

(f) 老年期
① 肉体的な強さと健康の衰退に適応すること
② 隠退と減少した収入に適応すること
③ 配偶者の死に適応すること
④ 自分と同年輩の老人たちと明るい親密な関係を確立すること
⑤ 社会的・市民的義務を引き受けること
⑥ 肉体的生活を満足におくれるよう準備すること

4. 遺伝－環境論争

　発達を決める要因として，遺伝を重要視するのか環境を重要視するのかという議論は古くから行われており，今日までに3つの考え方がある。

(1) 単一要因説
　発達の規定因の重要性を「遺伝か環境か」のどちらか一方に求める考え方である（図17-2）。遺伝すなわち成熟が重要なのか，環境すなわち学習（経験）が重要なのかについては，以下の説がある。

　①**成熟優位説**：生得説あるいは発達予定説とも呼ばれており，遺伝的要因つまり成熟の重要性を指摘している説である。ゲゼルとトンプソンは双生児を用いた階段上り訓練という実験によって，早すぎる訓練よりも適切な成熟の時期をまって訓練する方が効果的であるということを示した。

　②**学習説**：環境的要因つまり，経験の重要性を強調している説である。なかでも，ワトソンは「私に何人かの生後まもない子どもを預けてくれれば，その子どもをどのような専門家にもできる」と言っている。つまり，生後の学習経験によっていかなる発達でも可能になるということである。

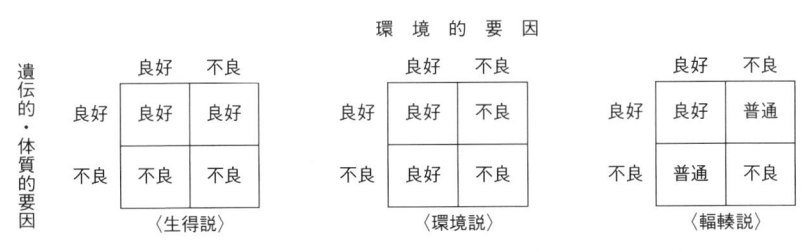

	環境的要因			環境的要因			環境的要因	
遺伝的・体質的要因	良好	不良		良好	不良		良好	不良
良好	良好	良好	良好	良好	不良	良好	良好	普通
不良	不良	不良	不良	良好	不良	不良	普通	不良
	〈生得説〉			〈環境説〉			〈輻輳説〉	

図17-2　発達の単一要因説と輻輳説（加算的寄与説）（サメロフ，1975）

(2) 輻輳説
　発達には「遺伝も環境も」関係しているという考え方である。この考え方は発達的形態には遺伝的な要因と環境的な要因が加算的に寄与しているということから加算的寄与説とも呼ばれている（図17-3）。この説の特徴は2つの

要因が混ざり合ったり，重なったりするのではなく，完全に分離している独立した要因とみなしていることである。

(3) 相互作用説

発達の過程において，遺伝と環境は相互に影響しあって，発達的変化が生じるという考え方である。つまり，遺伝と環境の両者が「どのように」相互に発達に影響を及ぼしているのかを問題にしているのである（図17-4）。

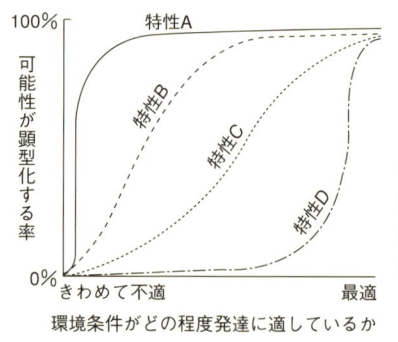

図17-3　遺伝と環境の輻輳説の図式化
（ゴットシャルト，1939）

図17-4　ジェンセンの環境閾値説の解説図（東洋，1969）

5. 発達に及ぼす影響の方向性

子どもに対する親の関わり方と子どものパーソナリティ形成との関連について，従来は親の働きかけが子どもに影響を与えるという考え方が優勢であった。しかし，近年ではそのような一方向的なとらえ方ではなく，子どもの反応によって親の対応が変化するというような双方向的なとらえ方がある。また，子どもの反応が親の反応を引き出し，親にも子どもにも影響するといった相乗的相互作用のような考え方（サメロフ）に目がむけられている。

18

思考・ことばの発達

1. 思考の発達

　ピアジェは，思考の発達をシェマ（スキーマ）の構造化と考えた。シェマとは，認識の枠組みのことである。シェマは，同化と調節を繰り返しながらより複雑に構造化されて発達していく。同化とは，新しい情報をこれまでに獲得しているシェマに合うように処理していくことである。調節とは，新しい情報によってこれまでに獲得しているシェマを変化させることである。ピアジェは，認識の仕方や思考は，発達に伴い4つの段階を経て，順序性をもって変化していくと述べている（表18-1）。

表18-1　ピアジェによる思考の発達段階

基本段階		下位段階		基本段階			下位段階	
前論理的思考段階	感覚運動期 誕生～1歳半,2歳	Ⅰ. 生得的反射の時期	0:0～0:1	前論理的思考段階	前操作期 表象的思考段階	1歳半,2歳～6,7歳	前概念的思考段階・転導的推理	1:6/2:0～4:0
		Ⅱ. 第1次循環反応 適応行動の獲得	0:1～0:3/0:6				直観的思考段階・知覚が判断を大きく左右	4:0～6:0/7:0
		Ⅲ. 第2次循環反応 興味ある光景を持続させる手法	0:3/0:6～0:8/0:9	論理的思考段階	具体的操作期	6,7歳～11,12歳	具体的事象に関連した論理的思考・思考操作における群性体の成立・保存概念の獲得	
		Ⅳ. 2次的シェマの協応 既有シェマの新規場面への適応	0:8/0:9～1:0					
		Ⅴ. 第3次循環反応 能動的実験	1:0～1:6		形式的操作期	11,12歳～	具体的事象から解放された抽象的論理的思考・思考操作におけるINRC群の成立・2次的操作（操作の操作）の獲得	
		Ⅵ. シェマの統合による新たな手段の発見	1:6～2:0					

2. 思考の発達段階

感覚運動期（0〜2歳頃）：感覚と運動を協応させながら外界を認識する。少なくとも1歳半ぐらいまでは対象の永続性の理解ができていないといわれる。

前操作期（2〜6・7歳）：ことばやイメージにより外界を表象するようになる。しかし，思考は知覚に強く影響され，論理的な操作はまだできず，自己中心性が見られる（図18-1）。

具体的操作期（6・7歳〜11・12歳）：論理的操作を獲得するが，それが及ぶ範囲は具体的な世界に限られる。物質の量や重さ，長さなどは，加えられたり減じられたりしない限り，外観や形態が変化しても同じであるという保存の概念が獲得される（表18-2）。

形式的操作期（11・12歳以降）：具体的な内容からはなれ，論証の形式だけにしたがって推理を進められる。仮説を立て，それをもとにして推論を展開していく仮説演繹的思考が可能になる。現実に起こっていないことがらに対しても，「もし〜ならば，…であろう」という論理−数学的な操作ができる。

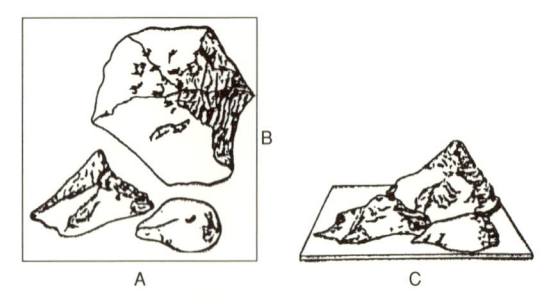

図18-1 三つ山問題（ピアジェとイネルデ，1948）

3. ことばの働き

ことばには，大きく次の2つの働きがある。①相互に意思を交換する機能，

つまりコミュニケーション（伝達）の働き，②概念を操作して思考を洗練し高度化する働き，の2つである。ことばは，人間が社会生活を営み，知的に行動するためには不可欠な能力である。コミュニケーションを通して言語能力は洗練され，言語を通してコミュニケーションの質が高められていく。

4. ことばの発達過程

(1) 乳児期の発達過程

新生児の発声行為のほとんどは，泣きさけぶだけであり，その泣きは内的・外的な刺激の変化を反映したものである。生後1か月頃から，機嫌の良いときなどに穏やかで静かな発声をするようになる。ふつう「アーアー」というような，ほぼ同じ音の高さの発声が繰り返される。この泣き声とは異なる非叫喚的発声をクーイングという。

表18-2 さまざまな保存テスト（野呂，1983）

	相等性の確定	変形操作	保存の判断
液量	容器の形や大きさの変化によっても，その中の液量は変わらない。		
	どちらも同じ入れものの中に色水が同じだけ入っていますね。	こちらの色水を別のものに全部移し替えます。	さあ，色水はどちらも同じだけ入っていますか。それともどちらかが多いかな。
数	集合内要素の配置の変化によっても，その集合の大きさは変わらない。		
	白色の石と黒色の石とでは，どちらも数が同じだけありますね。	いま，黒色の方を並べ替えてみます。	さあ，白石と黒石とでは，その数は同じですか。それともどちらかが多いかな。
長さ	物の形や位置の変化によっても，その物の長さは変わらない。		
	2本の糸は，どちらも長さが同じですね。	いま，こちらの糸を，ヘビのような形に変えてみます。	さあ，こんども2本の糸の長さは同じですか。それとも，どちらかが長いかな。

7〜8か月にかけて,「ナンナンナ」,「マンマンマ」といった1回の発声時間の長短や音の高さ,語調の仕方に変化が見られる。これが,いわゆる喃語であり,文化や言語の違いをこえた普遍的な現象である。8〜9か月頃には,養育者の声に一段と注意を向けるようになり,それを模倣しようとする。

1歳の誕生日を迎える少し前頃に,乳児はさかんに指さし行動をするようになる。これは第三者に自分の表したい対象物を指さすことで伝えようとする行動である。この指さし行動と相前後して,「マンマ」,「ブーブー」,「ワンワン」など意味をもつことばの使用が始まる。1語ではあるが,その中にさまざまな意味が含まれ,1語でコミュニケーションが完結しているので,1語文という。1歳半頃には,いわゆる音声言語として「ママ　クック」,「パパ　カイシャ　イッタ」などの2語文,3語文がいえるようになる。

(2) 幼児期の発達過程

幼児期のことばの発達過程には3つの時期がある（村田）。

①1〜2歳では,「ことば」というものを知り,その基本的な働きに気づく。

②3〜4歳では,「ことば」によって生活し始め,そのための基礎を固める。語彙の増加量は,4歳頃で1つのピークをなしており,不正構音（レージョーコとかチュクエといった不正確な発声）も少なくなる。

③5〜6歳になると,文字の習得により「書きことば」（書記言語）が達成され,言語機能の画期的な拡張が生ずる時期である。そして言語が思考を深めるための道具として作用し始める。

THE PSYCHOLOGIST

ピアジェ　Piaget, Jean（1896〜1980）

スイスのニューシャテル生まれ。ニューシャテル大学で生物学を専攻し,1918年に軟体動物学に関する論文で博士の学位を取得した。1921年,25歳の若さで,ジュネーブのジャン・ジャック・ルソー研究所の研究主任となり,子どもの知能や思考の発達に関する研究を次々に発表した。人は環境から受け身に知識を受け取るのではなく,知識を求め,それを体制化し,前から備えている認識体制の中に同化すると考え,発生的認識論を展開した。

19

社会性の発達

1. 親子関係

(1) アタッチメント

　きわめて未成熟な状態で生まれてくる人間の子どもにとって，養育・保護を行ってくれる親（生物学的な親に限らない）は欠かせない存在である。親との相互作用を通して，乳児はやがて親との間に特別の情緒的きずなをもつようになるが，ボウルビィはこれをアタッチメント（愛着）と呼んだ。アタッチメントが形成されることで親子の間には近接が保たれ，子どもは危険から身を守りやすくなる。子どもがもし何らかの危機的状況に陥っても，いち早く親の保護を受けられるからである。そして，親から見守られているという確信をもって初めて，子どもは安心して環境探索に向かえる。

　アタッチメントには，質的な個人差がある。エインズワースはストレンジ・シチュエーション法という実験法を開発し（図19-1），乳児と親（母親）のアタッチメント・パターンを測定した。アタッチメント・パターンは表19-1のように

表19-1　ストレンジ・シチュエーションによる各アタッチメント・パターンと行動特徴

パターン	行動特徴
安定型	分離前は活発に探索行動（オモチャ遊びなど）をとり，ストレンジャー（見知らぬ女性）にも親和的に接する。分離時には不安や悲しみを示し，再会時には親を歓迎，積極的に身体接触を求める。
両極型	分離前から不安が高く，探索行動が乏しい。分離時には激しい苦痛を示し，再会時には身体接触を求める一方で親を叩くなどの抵抗をみせる。
回避型	分離時に不安をみせず，再会時には親を無視・回避してひとり遊びをしている。ストレンジャーとは母親とほぼ同様に交流する。

3つに大別される。なお，後にメインらによって，再会時に親に顔をそむけながら近づくなど，矛盾・混乱を表す混乱型という4つめのパターンが同定された。

また乳児期の親へのアタッチメントは，その後の社会性の発達に大きな影響

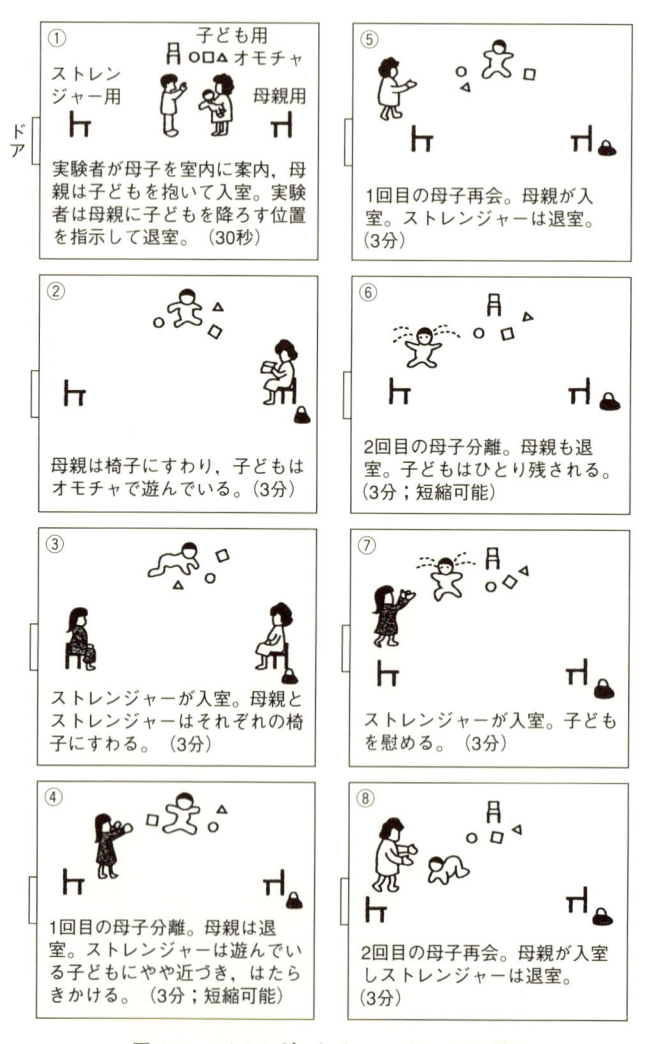

① 実験者が母子を室内に案内，母親は子どもを抱いて入室。実験者は母親に子どもを降ろす位置を指示して退室。（30秒）

② 母親は椅子にすわり，子どもはオモチャで遊んでいる。（3分）

③ ストレンジャーが入室。母親とストレンジャーはそれぞれの椅子にすわる。（3分）

④ 1回目の母子分離。母親は退室。ストレンジャーは遊んでいる子どもにやや近づき，はたらきかける。（3分；短縮可能）

⑤ 1回目の母子再会。母親が入室。ストレンジャーは退室。（3分）

⑥ 2回目の母子分離。母親も退室。子どもはひとり残される。（3分；短縮可能）

⑦ ストレンジャーが入室。子どもを慰める。（3分）

⑧ 2回目の母子再会。母親が入室しストレンジャーは退室。（3分）

図19-1　ストレンジ・シチュエーションの8場面
（エインズワースら，1978；繁多，1987より一部改変）

を与えるといわれる。そうした関連を縦断的に調べた多くの研究成果から，概して，安定型の乳児は，後に仲間・友人，保育者・教師らと良好な関係を築きやすく，社会的スキルが高いことが示唆されている。

さらに青年期から成人期にかけて，主要なアタッチメント対象は親から恋人・配偶者へ移行すると考えられているが，親へのアタッチメントは生涯，消えることはないといわれる。

(2) 社会化・しつけと文化

親は子どもの社会化のエージェント（担い手）としても重要な存在である。社会化とは，個人が自分の所属する社会にふさわしい行動様式や知識・能力，また規範や価値観などを身につけていく全過程をさす。そして，親が子どもの社会化を促す時の1つの手段がしつけということになる。

その人の所属する社会・文化によって社会化の内容は当然異なるが，その手段となるしつけ方にも，文化による大きな違いがみられるという。たとえば東らは，子どもの逸脱行動を統制する際の母親のしつけ方略について，日米間の比較を行った。これによれば，日米の母親間にみられた顕著な差は，アメリカで「直接命令」（服従を強いる）や「代償」（服従を求める代わりに，ほうびを呈示する）による統制が多く，日本で「説得・暗示」（明示的に服従を求めず，問いかけや示唆などにより服従を暗示する）による統制が多い点であった。また，その時母親が呈示する命令・指示の根拠（理由）については，アメリカでは「理由なし」（理由をまったく述べない）が半数近くときわめて多いのに対し，日本では何らかの理由を述べる場合が多く，なかでも「個人的・主観的理由」がアメリカよりはるかに多かった。「個人的・主観的理由」は，「子ども自身や友だち，母親など誰かの個人的，主観的感情に訴える」というもので，たとえば（壁に絵をかくという行動に対して）「壁が痛いって泣いちゃうよ」といった語りかけをさす。日本の子どもは，そのようなしつけを通して，「これはやってはいけない」などの行動規範とともに，しつけ方略にひそむ「感情に強く訴え，相手への要求を明示しない」という日本的なコミュニケーションの様式を学びとっていくのかもしれない。

2. 仲間・友人関係

　私たちにとって仲間や友人との関係も生涯を通して重要な意味をもつが，その関係性は発達とともに変化していく。その特質の変化については，サリヴァンをはじめ，多くの研究者が理論的・実証的な見地から指摘している。とくに大きな変化が起こるのは児童期から青年期にかけてである。このころには，単なる「遊び仲間」から，より情緒的結びつきを重視した「親友」を求めるようになるのである。そうした親友との関係は，互いの自己開示による共有経験と，これに基づく親密性を特徴とする。サリヴァンのいう親友とは自分と同様に大切な存在を意味し，彼女は親友との関係を「共同関係」と表現した。セルマンとシュルツは以上のような関係の変化を，社会的視点取得能力の発達と関連づけて説明した（表19-2）。友人関係に関して，親密性のほかに自律性の機能をとらえて考えている。

　またハータップは，長期的に見た友人関係の機能を次のようにまとめている；①コミュニケーションや協同といった基本的な社会的スキルを獲得，洗練することができる，②友だちを通して，他者や世界だけでなく自己について知

表19-2　親密性の機能と自律性の機能の発達レベル（セルマンら，1990／山岸，1998）

共同的，共感的，内省的過程による共有経験	相互的（mutual），第三者的レベル （3）	自己と他者の欲求の統合をめざした共同的（collaborative）方略による交渉
類似の知覚や経験に対する共通の内省による共有経験	互恵的（reciprocal），内省的レベル （2）	説得や譲歩における協同的（cooperative）方略による交渉
相互性を考慮しない表出的熱中による共有経験	一方向的レベル （1）	一方的命令・指図や自動的な服従の方略による交渉
無内省的（感染的）模倣による共有経験	自己中心的，衝動的レベル （0）	無内省的，物理的方略（衝動的なけんかや逃げ）による交渉
親密性の機能 （共有経験）	社会的視点を協応させる能力の中核的発達レベル	自律性の機能 （対人的葛藤の交渉）

（発達）

ることができる，③ストレスに直面した時，情緒的サポートを得られる，④後に恋愛・結婚関係や子どもとの関係をもった時に必要となる親密性や相互調整の経験をしておける。

　私たちは，親子のようなタテの関係からだけでなく，仲間・友人・親友といったヨコの関係からも非常に多くを学び，支えられている。友人関係を通して社会化や自己，自我の形成が進められるという面も少なくないのである。

3. 社会的スキル

　私たちはつねに人との関係の中で生きているが，どうすればそうした人との関係を円滑に進めていくことができるのだろうか。

　対人場面において相手に効果的に反応するような言語的・非言語的行動を，(狭義の) 社会的スキルと呼ぶ。最近ではこれを，具体的行動だけでなく，状況の認知や感情の統制まで含めてとらえる立場が主流となっている。社会的スキルといってもその内容はかなり多様である。ゴールドスタインらは，若者のための社会的スキルとして初歩的，高度，感情処理，攻撃に代わるスキル，ストレスを処理するスキル，計画のスキルという6種類，計50項目をあげている。

　さまざまな不適応上の問題は，それらを有する個人の社会的スキルを獲得，向上させることによって解決していけるという考えのもとに，社会的スキル訓練が幅広く実施されている。対人関係上の悩みを解決したり，あるいは対人関係をより円滑にしていくために，具体的なスキルを身に付けてみるのはよいことかもしれない。しかし，それらが必ずしも特定の対人関係に期待どおりの影響を与えるとは限らない。対人関係はいうまでもなく相手があってのものであり，状況によっても大きく変化する。そのことを改めて意識し直してみるのも重要であろう。庄司は，単に社会的スキル訓練の対象となる行為者ばかりでなく，その個人が関わる受け手や集団をも考慮に入れた訓練を検討していく必要性を述べている。

20

思いやるこころ

1. 思いやりとは

　「思いやり」行動は，心理学では向社会的行動といい，「他人あるいは他の人々の集団を助けようとしたり，こうした人々のためになることをしようとする自発的な行動」のことをいう。アイゼンバーグによれば，次の4つの特徴がある。①その行動が他人あるいは他の人々についての援助行動であること，②相手からの外的な報酬を得ることを目的としないこと，③こうした行動には何らかの損失が伴うこと，④自発的になされること，の4つである。

　「思いやり」行動には，ケガをしている人を助ける，気持ちの落ち込んでいる友人に声をかける，お年寄りに電車の中などで席を譲る，寄付をするなど，さまざまなタイプのものがある。アイゼンバーグは，向社会的行動が生起するモデルを提起している（図20-1）。どのようなしつけを受けてきたのかといった社会化の要因をはじめとして，個人の特徴，状況の解釈や判断の過程，助力の意図，動機づけや感情，向社会的行動をした後の自己評価の問題など

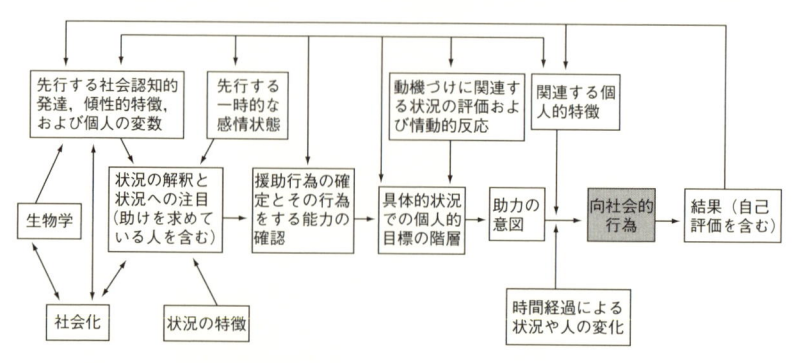

図20-1　向社会的行動の発見的モデル（アイゼンバーグとフェイプス，1998）

さまざまな要因が関わっている。思いやりのある行動をするといっても，それに関わる要因は複雑にからみあっている。

2.「思いやり」行動

　隣室でガチャンという音がして，幼い子の泣き声（実際は録音）が聞こえた時，子どもはどんな反応をするかを，1人でいる場合と2人1組でいる場合の2つの条件で観察した研究がある（スタウブ）。観察のポイントは，①泣き声が聞こえてから1分半の間に，助けようとして隣室に行くかどうか，②実験者が1分半後にもどったときに，隣室のことについて，実験者に援助するよう報告するかどうか，③何ら関わりのない態度をとるかどうか，の3点である。子どもの援助行動は，幼稚園児から小学校1，2年生にかけて増加する（図20-2）。学年が低いほど，2人1組の時に隣室に向かおうとするが，4年生や6年生では1人の時に援助行動が出やすくなる。年少の子どもは，2人一緒にいることで恐怖感や不安が少なく，援助行動をしやすい。年長の子どもは，1人の時は素直に援助に走れるが，2人1組の時には，もう1人の子が自分をどう評価するかということに注意がいってしまい，援助行動が抑えられてしまう。援助行動は，発達に伴い増加するが，年長になると複雑な要因がからんでくる1つの例である。

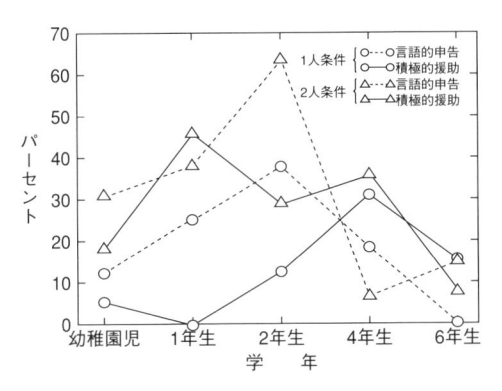

図20-2　学年別にみた援助行動（スタウブ，1970）

3.「思いやり」行動についての判断の発達

「思いやり」行動をなぜするのかという理由が重要であるとして，アイゼンバーグは判断の理由づけを発達的に明らかにした。自分の快楽に結びつく考え方から，相手の立場に立った共感的な理由を経て，強く内面化された価値に基づく判断へと発達すると考えられている。こうした判断は，ある状況で自分がどう行動したらよいかを決定する基本的な枠組みとなる。より高いレベルの判断に裏づけられた向社会的行動になるにしたがって，安定した節度ある「思いやり」行動となる。

4. 道徳性

「思いやり」を考える上で，重要なのが道徳性である。何が善であり何が悪であるかを，自らが考え，判断し，実行することが，道徳性の本質である。ピアジェは，「すべての道徳は，規則の体系から成り立っており，すべての道徳の本質は個人がこれらの規則に対して払う尊敬の中に求められるべきである」と述べた。コールバーグは，「すべての人間が公正に扱われなくてはならない」という個人の尊厳を内実とする「公正さ」の観点から道徳性をとらえ

表20-1　道徳と慣習の規則の違い（チュリエル，1983）

	道　徳	慣　習
一般化可能性	どんな社会集団にも適用され，変わることはない	特定の集団にだけ適用され，集団によって変わることがある
規則随伴性	道徳的違反は，たとえ規則がなくても悪いことである	慣習的違反は，規則がなければ悪いことではない
文脈性	文化に普遍的で絶対的	社会的な文脈に相対的
規則可変性	変えられない	集団の成員の合意により，変えることができる
権威依存性	権威者の強制力は弱く，小さい	規則の施行については，権威者の力が強く，大きい

ている。

　チュリエルは，「私たちが守らなければならない社会的ルールの中には，他者の権利や福祉に関する道徳性と社会的相互作用を円滑にし，社会的秩序を維持する社会的慣習の2つが存在し，それらを区別しなければならない」と述べた。道徳と慣習は，一般化可能性，規則随伴性，文脈性，規則可変性，権威依存性の5つの観点で区別される（表20-1）。

5. 道徳性の発達過程

　ピアジェは，社会規範に同調するようにしむけ，社会的権威の受容を目標とする考え方を批判し，子どもの道徳性の発達を他律的な大人の拘束による道徳観から自律的で仲間との協同による道徳観への変化，一方的尊敬から相互的尊敬への変化としてとらえた。

　コールバーグは，ピアジェの考え方を引き継ぎ，子どもでも自分なりの正しさの枠組みをもっていて，それに基づいて道徳的な判断をすると考えた。その正しさの枠組みは発達とともに質的に変化するものとして3水準6段階の発達段階説を提唱した（表20-2）。

　ギリガンは，女性は人間関係，気くばり，共感などを主要原理とする「配慮と責任の道徳性」を発達させ，男性の「公正の道徳性」とは異なると指摘した。

6. 思いやりに関連する要因

　思いやりに関連する要因には，さまざまなものがあるが，代表的な3つの要因について，手短かにふれておく。

　①**共感性**：他者を思いやるには，その相手が感じている感情状態を知らなければむずかしい。相手と同じ感情状態になるのが，共感性である。最近では，ホフマンは共感性を「自分自身の状況よりも他の人の状況に適した感情

的な反応」と定義している。

②**社会的視点取得**：他者と同じ感情状態になるだけでは不十分で，相手の立場に立って物事を考えたり行動したりすることも大切である。これは社会的視点取得と呼ばれている。

③**罪悪感**：何か悪いことをしたと思った時に感じる感情として罪悪感がある。実際に自分が他者に対して悪いことをした時，その償いをしようという行動が生じる。罪悪感が引き起こされることで，相手に対する「思いやり」行動が生じる場合がある。

表20-2 道徳性の発達段階（コールバーグ，1976）

水　準	段　階	概　要
前慣習的水準	1：罰と服従への志向	苦痛と罰を避けるために，おとなの力に譲歩し，規則に従う。
	2：道具主義的な相対主義	報酬を手に入れ，愛情の返報を受ける仕方で行動することによって，自己の欲求の満足を求める。
慣習的水準	3：対人的同調，「良い子」志向	他者を喜ばせ，他者を助けるために「良く」ふるまい，それによって承認を受ける。
	4：「法と秩序」志向	権威（親・教師・神）を尊重し，社会的秩序をそれ自身のために維持することにより，自己の義務を果たすことを求める。
後慣習的水準	5：社会契約的な法律志向	他者の権利について考える。共同体の一般的福祉，および法と多数者の意志によりつくられた標準に従う義務を考える。公平な観察者により尊重される仕方で行為する。
	6：普遍的な倫理的原理の志向	実際の法や社会の規則を考えるだけでなく，正義について自ら選んだ標準と，人間の尊厳性への尊重を考える。自己の良心から非難を受けないような仕方で行為する。

21

自我の発達

1. エリクソンの理論

　エリクソンは，自我の発達過程について，心理社会的危機の点から8つのライフサイクルからなる発達段階説を提唱した。心理社会的危機とは，「危険な」という意味ではなく，「分岐点」や「峠」といった意味である。エリクソンの自我発達漸成理論の図式（図21-1）の対角線上に各時期の危機が示されている。

　① **乳児期**：母子関係を通じて身体の安全と基礎的信頼感が獲得される。
　② **早期幼児期**：周囲の環境と自己統制との関連の中で，羞恥心や自己の価値に対する疑惑が生ずる一方，自律性が芽生える。
　③ **遊戯期**：家族関係の中で，自主性・積極性の獲得と罪悪感の克服がなされる。
　④ **学童期**：学校や近隣関係の中で，勤勉性の獲得と劣等感の克服がなされる。
　⑤ **青年期**：アイデンティティの獲得と役割の混乱がみられる。
　⑥ **初期成人期**：友情関係や異性関係の中で，親密性の確立と孤独感の克服がなされる。
　⑦ **成人期**：社会的分業と家事の共存から，生産性・生殖性の確立と沈滞感の回避が生ずる。
　⑧ **成熟期**：あるがままに世界と自己を受け入れ，人間としての英智を獲得し，自我統合感の確立と絶望感の回避がなされる。

2. 青年期のアイデンティティ

(1) アイデンティティの感覚

　青年期には，急激な身体的変化，認知的変化，社会的役割の変化が起こる。こうした多くの変化をきっかけとして，「自分は何者か？」「自分が将来進んでいく方向性は？」といった自我に関する問いかけが始まる。エリクソンは，青年期の心理社会的課題は「アイデンティティ対アイデンティティ拡散」であるとしている。アイデンティティについての感覚とは，「自分は他者と違って自分である」という斉一性の感覚と，「自分はこれまでいかにして自分となってきたのか」という連続性の感覚からなっている。このような感覚をもった主体的な自分が，社会の中で認められた自分の職業，地位，役割などの

Ⅷ 成熟期								統合性 対 嫌悪・絶望
Ⅶ 成人期							生殖性 対 自己吸収	
Ⅵ 初期成人期					連帯感 対 社会的孤立	親密さ 対 孤立		
Ⅴ 青年期	時間的展望 対 時間的展望の拡散	自己確信 対 自己意識過剰	役割実験 対 否定的同一性	達成期待 対 労働麻痺	アイデンティティ 対 アイデンティティ拡散	性的同一性 対 両性的拡散	指導性の分極化 対 権威の拡散	イデオロギーの分極化 対 理想の拡散
Ⅳ 学童期				生産性 対 劣等感	労働アイデンティティ 対 アイデンティティ喪失			
Ⅲ 遊戯期	(その後のあらわれ方)		主導性 対 罪悪感		遊戯アイデンティティ 対 アイデンティティ空想	←（それ以前のあらわれ方）		
Ⅱ 早期幼児期		自律性 対 恥・疑惑			両極性 対 自閉			
Ⅰ 乳児期	信頼 対 不信				一極性 対 早熟な自己分化			
社会的発達／生物的発達	1.口唇期 oral	2.肛門期 anal	3.男根期 phallic	4.潜伏期 latent	5.性器期 genitality	6.成人期 adult	7.成人期 ―	8.老熟期 ―
中心となる環境	母	両親	家族	近隣・学校	仲間・外集団	性愛・結婚	家政・伝説	人類・親族
virtue 徳	hope 希望	will 意志力	goal 目標	competency 適格性	fidelity 誠実	love 愛	care 世話	wisdom 英智

図21-1　エリクソンの発達漸成理論図式（西平，1979より）

「～としての自分」という感覚に合致して、安心感や自信をもち、「私が私である実感」を形成する。これがアイデンティティの達成である。

(2) アイデンティティ・ステイタス

マーシャは、心理社会的危機（クライシス）の経験と生き方、職業などへの積極的関与（コミットメント）から、4つのアイデンティティ・ステイタスを提唱している。

①**アイデンティティ達成**：危機をすでに経験し、自分が選択した生き方、職業、価値観に積極的に関与している人である。自分の意志で選択しており、自分の選択に自ら責任をもっている。

②**モラトリアム**：今現在、危機を経験しつつあり、積極的関与をする対象を模索中の人である。いくつかの選択肢について迷っており、一生懸命努力している。人生についての多くの可能性を前にして、アイデンティティの決定を延期している。

表21-1　アイデンティティ・ステイタス（マーシャ，1964；岡本，2002より）

アイデンティティ・ステイタス	危機	積極的関与	概要
アイデンティティ達成（identity achiever）	経験した	している	幼児期からのあり方について確信がなくなり、いくつかの可能性について本気で考えた末、自分自身の解決に達して、それに基づいて行動している。
モラトリアム（moratorium）	その最中	しようとしている	いくつかの選択肢について迷っているところで、その不確かさを克服しようと一生懸命努力している。
フォアクロージャー（foreclosure）	経験していない	している	自分の目標と親の目標の間に不協和がない。どんな体験も、幼児期以来の信念を補強するだけになっている。硬さ（融通のきかなさ）が特徴的。
アイデンティティ拡散（identity diffusion）	経験していない	していない	危機前（pre-crisis）：今まで本当に何者かであった経験がないので、何者かである自分を想像することが不可能。
	経験した	していない	危機後（post-crisis）：すべてのことが可能だし可能なままにしておかなければならない。

③フォアクロージャー：危機を経験していないが，特定の生き方，職業，価値観などの積極的に関与している人である。親や年長者の価値観を疑うことなく無批判的に自分のものとして受け入れている。

④アイデンティティ拡散：危機を経験したか，しないかにかかわらず，積極的関与ができない人である。自分の人生について責任をもった主体的な選択ができず途方にくれている状態である。危機を経験する前では，今まで本当に何者かであった経験がないので，何者かである自分を想像することができない。また危機を経験した後は，すべてのことが可能であるし，可能なままにしておかなければならないと安易に考えているタイプである。

青年期のアイデンティティ・ステイタスは固定的なものではなく，拡散からモラトリアムのステイタスを経て達成のステイタスへと至るといった移行が見られ，流動的なプロセスにあると考えられる。

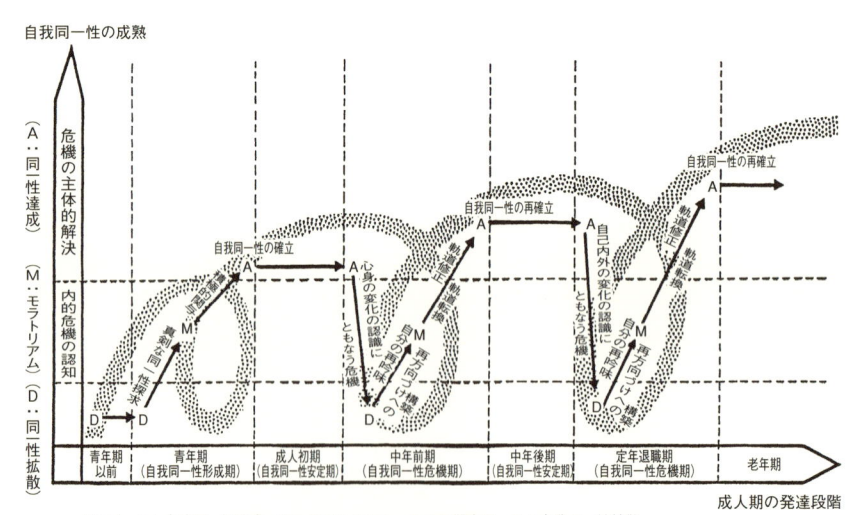

図21-2　アイデンティティのラセン式発達モデル（岡本，1994）

3. 青年期以降のアイデンティティ

　エリクソンは，「青年期の終わりが，はっきりした同一性危機の段階であるからといって，同一性形成そのものは，青年期にはじまるわけでも終わるわけでもない。同一性形成は，その大半が生涯にわたって続く無意識的な発達過程である。その根源は，早期幼児期における自己確信にまでさかのぼることができる」と述べ，アイデンティティの問題は，生涯にわたって続くとしている。

　岡本は，30代後半から40代前半の中年期前期と，60歳前後の現役引退期は，その時期の発達的危機に出会い，それまでのアイデンティティがあらためて問い直され，再体制化される時期であるとし，「成人期におけるアイデンティティのラセン式発達モデル」を提唱している。そして岡本は，成人期にもアイデンティティ拡散やモラトリアム状態の人々もかなりの割合で存在することを指摘している。

THE PSYCHOLOGIST

エリクソン　Erikson, Erik Homburger（1902～1994）

　1902年ドイツのフランクフルトに生まれる。父親は彼が生まれる前に別離し，母親の再婚相手の小児科医ホムブルガーを義父として，カールスルーエで初等教育を受けた。ギムナジュウム（高等学校）を卒業すると，画家を目指してヨーロッパを遍歴した。1927年，初等教育時代の級友ブロス（P.Blos：精神分析家）の紹介で美術教師としてウィーンに移り，フロイト（S.Freud）の精神分析研究所で精神分析の訓練を受けた。1933年，アメリカに移住し，ハーヴァード大学人間発達研究学科教授となる。

　エリクソンの貢献は，アイデンティティ論として知られる心理社会的・生物学的な観点からの自我発達理論であり，今日の多くのアイデンティティ研究を生んでいる。また，精神分析理論の発展に寄与し，人間の精神発達の理論的枠組みを提供している。

人を知る

1. 対人認知とは

　社会にはいろいろな人がいる。私たちはそういう人たちと出会い，さまざまな関係をもって生活している。トラブルを避け円滑な人間関係をもつために，私たちは他者についての認知に基づいて行動している。さまざまな手がかり（情報）から他者についての理解や判断をすることを対人認知という。

2. 対人認知の手がかり

　他者についての認知をする時の情報には言語的行動と非言語的行動（表22-1）がある。
　言語的行動とは話すことであり，内容からその人の興味，関心や考えを認知する。本人が語るのでその内面を知るためには重要な情報である。非言語的行動は意図的行動と非意図的行動に分けることができる。意図的行動はある意志をもってするジェスチャーである。たとえば，手で「おいでおいで」するような場合である。非意図的行動は何気ないジェスチャーのことである。

表22-1　対人認知の情報となる非言語的行動

　時間的行動 ― 約束の時間，反応時間など時間に関する行動
　空間的行動 ― 間合いの取り方や座る位置などの位置関係
　身体的行動 ― 視線，目の表情，姿勢，表情，身振り，反復行動，意図的行動など
　　　外観 ― 体型，服装，髪型，化粧，履物，持物など
　　　音声 ― 語調，音調，話すスピード，声の大きさ，言葉使いなど

時計を見る行為について,「急いでいるのかな,他に用事があるのかな」とその行為者の意図を推測するような場合である。顔面表情は感情認知するさいの重要な情報である。シュロスバーグは,顔面表情が快−不快と注目−拒否の2次元から構成されるととらえている。

3. 印象形成

　他者についていろいろと詳しい情報がある場合は多くなく,むしろ少ない情報によって対人認知することのほうがはるかに多い。限られた情報から他者のパーソナリティを推測することを印象形成という。印象形成は,他者について得られる情報要因,印象形成する側の要因(期待・欲求,パーソナリティ,先行経験など),相手との関係(関係の深さ,地位・役割など)によって規定される。

(1) 情報提示順序効果

　情報要因には,情報提示順序効果と情報内容がある。表22-2に示されたAさんとBさんについて好意度を調べたところ,情報量と内容はまったく同じにもかかわらず,Aさんのほうが好意的にうけとめられた。提示情報の順序は社会的望ましさ(社会的に見た人の性質としての望ましさの程度)の順序の違いであり,初めの情報が印象形成に効果をもつことから初頭効果と呼ばれる。ところが,前半部と後半部の情報提示のさいに時間間隔が大きいほど,印象形成が後半部の情報内容に規定されることがある。これは新近効果と呼ばれる。

表22-2　印象形成に使われた情報(アッシュによる)

情報提示順序効果(初頭効果)
　Aさん　知的な ― 勤勉な ― 衝動的な ― あら捜しの好きな ― 頑固な ― 嫉妬深い
　Bさん　嫉妬深い ― 頑固な ― あら捜しの好きな ― 衝動的な ― 勤勉な ― 知的な
情報内容(中心的特性)
　Cさん　知的な ― 技能的な ― 勤勉な ― 暖かい ― 断固とした ― 実際的な ― 注意深い
　Dさん　知的な ― 技能的な ― 勤勉な ― 冷たい ― 断固とした ― 実際的な ― 注意深い

(2) 中心的特性

情報量は同じであり，情報内容もほとんど同じであるが，CさんとDさんの好意度にも違いがみられる。このような「暖かい−冷たい」という情報は他者判断をするときに重要な基準であり，全体的特徴を方向づけるのである。この重要な基準が中心的特性である。

4. 暗黙裡のパーソナリティ理論

印象形成だけでなく広く対人認知は，認知する側個々人の人の見方（暗黙裡のパーソナリティ理論）に基づいている。これは諸経験を通して作り上げられたその人なりの人の見方であり，いわば他者を見るさいの「眼鏡」である。一般的には，光背効果（ハロー効果），包装効果，寛大効果などが知られている。

光背効果とは，ある人が何らかの良い（あるいは悪い）特徴をもっているとその人全般について良い（あるいは悪い）とみなす傾向のことである。包装効果とは，Aという特性をもつ人は必ずBという特性をもつと判断する傾向のことであり，論理的過誤ともいわれる。寛大効果とは，望ましい特性はさらに良いものとし，望ましくない特性はそれ程悪くないと寛大に評価する傾向のことである。

5. 対人関係の認知

自分と他者，他者同士の関係のあり方の認知が対人関係の認知である。

ウィッシュらは2者関係の認知次元として，(1) 協力的・友好的−競争的・敵対的，(2) 対等−非対等，(3) 親密的−表面的，(4) 社会情緒的・非公式的−課題指向的・公式的の4次元をあげている（図22-1）。

ハイダーの均衡理論（バランス理論）は，自分と他者との関係認知が自分や他者と第3の人・事物とのそれぞれの関係に関連していることを明らかに

した。彼のP-O-Xモデル（図22-2）では，PのXに対する関係（接近，類似，所属などは＋，分離，排反などは－で示す）とOのXに対する関係にしたがって，均衡状態になるようにPのOに対する関係が認知されやすいという。

　この理論は，対人関係の認知だけでなく，態度変容を説明する理論としても優れており，ニューカムのA-B-Xモデルやフェスティンガーの認知的不協和理論に発展した。

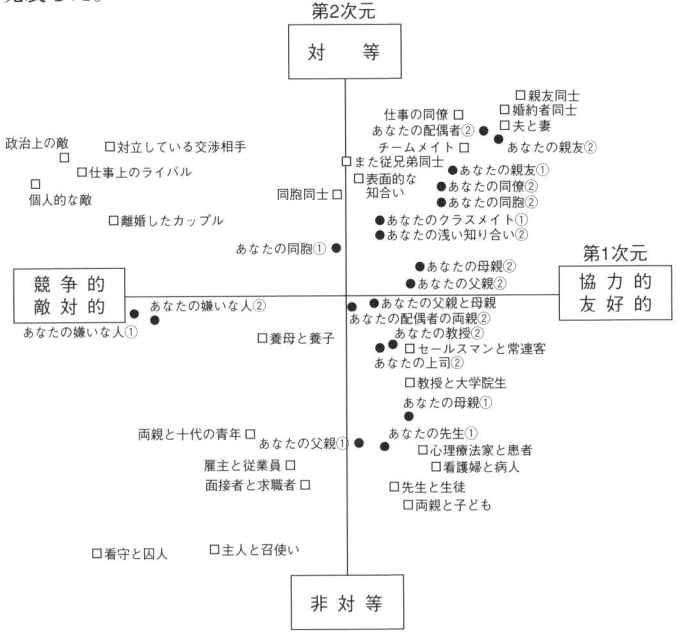

図22-1　対人関係の布置（ウィッシュら，1976／今川，1988より）

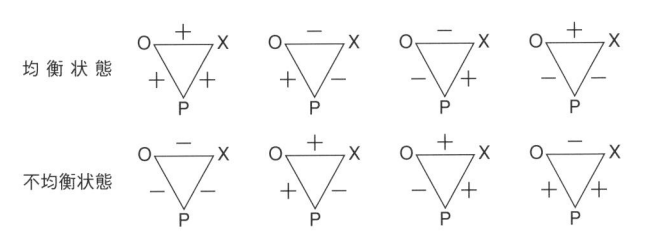

（□典型的関係，●被験者自身の関係，①は子ども時代，②は現在）

図22-2　ハイダーの均衡理論（ハイダー，1958／大橋訳，1978）

23
魅力ある人

　私たちはいろいろな人と関わっている中で，その相手に対して何らかの感情をもつことがある。とくに他者に対しての好意的な感情をもつ場合は対人魅力の問題として研究されてきた。

1. 空間的近接性

　「家が近い」，「席が近い」など，たんに空間的に近接している他者に好意を抱く傾向がある（図23-1）。これは接触頻度が多いことともいえる。知り合ってから比較的初期の段階や当人どうしの発達段階が低い幼児や児童に見られる。

　近接していることが対人魅力に関わっている理由は，社会的交換理論から説明できる。社会的交換理論によると，人は心理的にかかるコストを少なくし得られる報酬をできるだけ大きくするように動機づけられているという。したがって，他者との相互作用の結果得られる個人の欲求の満足などの報酬が，その交互作用を行うために費やされる負担（コスト）よりも大きくなる他者が好まれることになる。出会って初期の段階では，期待される報酬は誰に対しても同じとみなされるので，コストが少なくてすむ近くの人が好まれるのである。

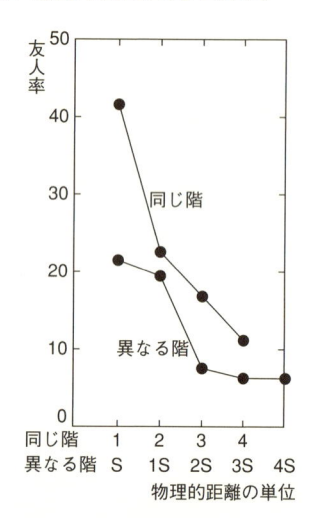

図23-1　友人選択の条件
（フェスティンガーら，1963）

2. 環境条件

　他者と出会う環境条件も対人魅力に関わる。不快な環境条件下では，同じ条件下にある他者に対して好意的に評価しやすい（図23-2）。不安な時や苦しい時には，同じ境遇にある他者によってそれらが軽減されると感じたり，共有する不快な体験が連帯感を高めるからである。逆に自分だけが不愉快な思いをしている時には，そうでない他者に対して反発感情を抱きやすい。

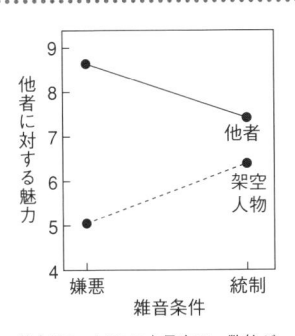

魅力は2～14の13点尺度で，数値が高いほど魅力の高いことを示す。雑音のひどい室では，実際に同室しない人（架空人物）よりも同室する他者の方が魅力度は高い。

図23-2　雑音と他者に対する魅力の関係
（ケンリックら，1979／奥田，1980より）

3. 身体的魅力

　とくに異性に対しては顔を中心とする身体容姿の美しさが関わる。表23-1は，初対面の男女大学生それぞれ数人（前もって複数の評価者によって身体的魅力が評定されている）をダンスパーティーの場でお互いに引き合わせて，

表23-1　相手と再びデートをしたいと答えた学生のパーセント
（ウォルスターら，1966／奥田，1980より）

	相手の美貌		
	醜い	平均的	美しい
醜い　男性	41	53	80
平均的　男性	30	50	78
美しい　男性	4	37	58
醜い　女性	53	56	92
平均的　女性	35	69	71
美しい　女性	27	27	68

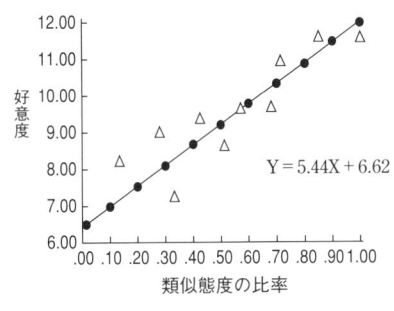

$Y = 5.44X + 6.62$

図23-3　類似態度の比率の一次関数としての未知の人物に対する好意度
（バーンとネルソン，1965）

時間が経過してからデート相手の希望を調べた結果である。男女とも自分の身体的魅力にかかわらず，デートの相手としては美しい人を選んでいることがわかる。

「あの人のようなスタイルになりたい」というように，同性の他者に対しても身体的魅力を感ずることもある。

4. 類似性

私たちは，自分の態度やパーソナリティなどが似ている人には好意を抱く傾向がある。図23-3は，自分の態度と操作された架空の人物の態度の類似度によって好意度が規定されることを示している。

つきあいがしだいに深まるにつれて相手の内面を知るようになると，この要因は重要になる。

ハイダーの均衡理論からみると，PのXに対する態度とOのXに対する態度が似ている（同じである）ならば，均衡状態となるようにPのOに対する態度は好意的となる。

5. 他者からの評価

私たちは自分のことを他者がどう見ているかということに強い関心をもち，認められたいと思うことが多い。アロンソンらは，被験者にある女性（サクラ）の話を聞いてもらうように依頼し，サクラが被験者について批評するのを被験者が偶然（実は仕組んで）耳にする実験をした（図23-4）。被験者は，自分に対しての否定的批評が好意的批評（－－＋＋）へと変化する相手（サク

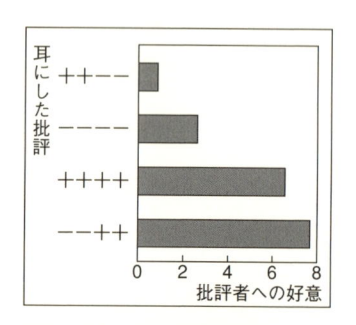

図23-4 耳にした批評と批評者への好意度の関係
（アロンソンとリンダー，1965）

ラ）にはより一層好意的に，好意的批評から否定的批評（＋＋－－）になると一層否定的に見ている。

否定的批評のあとに好意的批評を受けるとそれが過大に評価されるし，逆であれば否定的評価の効果が大きく感じられるのであろう。また何回か話を聞くことは関係が深まることであるから，被験者にとってサクラの批評は被験者の表面的なものから内面への評価と受けとめられるため，自尊心が満足されたり傷つけられると感ずるのであろう。自尊心を満足させる相手には好意的な感情をもちやすいのである。

6. 自分の心理的状態

人は不安な感情状態にある時に親和動機が高まることが知られている。親和動機とは，他の人々と一緒にいたいという動機である。

シャクターは，「電気ショックに対する生理的反応の測定」と称して女子学生の不安（恐怖）を高め，実験前の10分間にどのように待つかたずねる実験を行った。高不安群は親和動機が高く，また一緒に待つ相手には自分と同じような状態の人が選ばれやすいことを明らかにした（表23-2）。

表23-2 不安と親和傾向 （シャクター, 1959）

条件		一緒に待つ	気にしない	1人で待つ
実験Ⅰ	高不安	20人	9人	3人
	低不安	10人	18人	2人
実験Ⅱ	同状態	6人	4人	0人
	異状態	0人	10人	0人

高不安群：非常に不快で痛い電気ショックが与えられると教示される群
低不安群：弱く，くすぐったく感ずるような電気ショックが与えられると教示される群
同状態：一緒に待つ相手は同じ実験に参加する学生であると教示される場合
異状態：一緒に待つ相手はたまたま実験者に会いにきた学生であると教示される場合

7. 好ましい性格

「自分は性格が悪いから人に嫌われるのだ」と自分の性格を悩む人は少なく

ない。好ましい性格あるいは好ましくない性格とは,社会的望ましさという基準から判断される。対人魅力にとっては性格でもとくに対人的側面が重要である。文化の影響を強く受けるが,一般的には「誠実である」,「正直である」,「信用できる」,「頼りになる」,「思いやりがある」などが好ましく,「うそをつく」,「下品である」,「残虐である」,「意地悪である」などは好ましくないといえる。

日本の主な心理学関連の学会のホームページ・アドレス

日本の心理学関連の学会には数多くの学会がある。多くの学会は,公式のホームページを作成している。各学会のホームページで,学会についての概要,大会日程,講演会・研究会,関連情報へのリンク先などの情報を得ることができる。

日本心理学会	http://www.soc.nii.ac.jp/jpa/index.html
日本認知心理学会	http://www.psycho.hes.kyushu-u.ac.jp/~cogpsy/
日本バイオフィードバック学会	http://www.soc.nii.ac.jp/bf/
日本動物心理学会	http://www.soc.nii.ac.jp/jsap2/
日本グループ・ダイナミックス学会	http://www.soc.nii.ac.jp/jgda/index-j.html
日本犯罪心理学会	http://www.soc.nii.ac.jp/jacp2/
日本発達心理学会	http://www.soc.nii.ac.jp/jsdp/
日本感情心理学会	http://psychology.doshisha.ac.jp/jsrehome/jsretop.html
日本カウンセリング学会	http://www.soc.nii.ac.jp/jacs2/
日本家族心理学会	http://www.soc.nii.ac.jp/jafp/index.html
日本健康心理学会	http://www.waseda.ac.jp/conference/JAHP/frame.html
日本基礎心理学会	http://www.soc.nii.ac.jp/psychono/
日本行動計量学会	http://www.soc.nii.ac.jp/bsj/
日本行動療法学会	http://www.soc.nii.ac.jp/jabt/index.html
日本交通心理学会	http://brain.is.kyushu-u.ac.jp/japanese/traffic/traffic.html
日本教育心理学会	http://www.soc.nii.ac.jp/jaep/home.htm
日本人間性心理学会	http://www.ne.jp/asahi/humanistic/psychology/
日本応用心理学会	http://www.soc.nii.ac.jp/jaap/
日本パーソナリティ心理学会	http://www.soc.nii.ac.jp/jspp/
日本青年心理学会	http://www.soc.nii.ac.jp/jsyap/
日本社会心理学会	http://www.soc.nii.ac.jp/jssp/
日本心理臨床学会	http://www.u-netsurf.ne.jp/pajcp/
日本進路指導学会	http://www.soc.nii.ac.jp/jsscg/
日本スポーツ心理学会	http://www.soc.nii.ac.jp/jssp2/

24

態度が変わる

1. 態度とは

　同じ対象に対しても人によってさまざまな反応がみられる。たとえば，ある特定のプロ野球チームに対して球場に足を運んで熱心に応援する人もいれば，まったく関心を示さない人もいる。これはそのチームに対する態度の違いとして説明される。

　態度とは，行動傾性（反応の準備状態）を説明するための構成概念である（図24-1）。いわば行動への構えであり，行動や言語的表出を方向づける。態度には広範にわたる対象があり，後天的に形成され，持続的なものである。態度の言語的表出が意見である。

　態度の構成成分には，対象に対する感情（快－不快，好き－嫌い），認知（善－悪，望ましい－望ましくない），行動（近づきたい－遠ざかりたい，所有したい－排除したい）があり，これらは個人内においてポジティブかネガティブかという方向で整合しており，矛盾のない統一的システムとなっている。

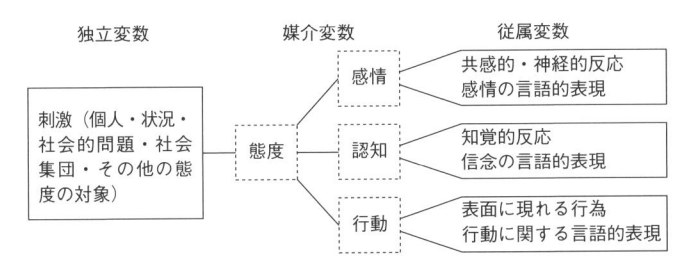

独立変数	媒介変数		従属変数
刺激（個人・状況・社会的問題・社会集団・その他の態度の対象）	態度	感情	共感的・神経的反応 感情の言語的表現
		認知	知覚的反応 信念の言語的表現
		行動	表面に現れる行為 行動に関する言語的表現

図24-1　態度の3成分（ローゼンバーグとホヴランド，1960）

2. 態度変容

形成された態度は一貫しており，持続的であるが，不変ではない。一般に，新しい情報への接触によって態度変容が起こる。

情報の送り手（発信源）が意図的に受け手の態度変容を起こそうと情報を送る場合は説得という。

(1) 説得者の要因

説得者の要因とは，情報源の信憑性である（図24-2）。これは，情報の送り手がその情報についてもつ専門性，本当のことを言うかという信頼性，送り手が受け手にとって魅力的かという魅力性に関する，送り手についての受け手の認知である。情報の受け手は，送り手が専門的知識をもっている人だ，うそを言わない人だ，またあの人のようになりたいと好感情を抱けば，その人から送られてくる情報を受け入れて，送り手の意図する方向への態度変容を起こしやすい。受け手が送り手に対して悪感情をもっているならば，説得の効果は小さい。しかし，時間の経過による忘却によって，送り手に対する悪感情と情報内容とが切り離されると説得の効果が増大することがある。これはスリーパー効果といわれる。

(2) 情報の送り方に関する要因

情報の提示方法や情緒を引き起こす情報を送る方法も態度変容に影響する。送り手が意図する方向に有利な情報だけを送る場合を一面的コミュニケーションという。さらに加えて，送り手の意図する方向には不利な情報を送る場合は両面的コミュニケーションという。送られる情報内容に関して，受け手

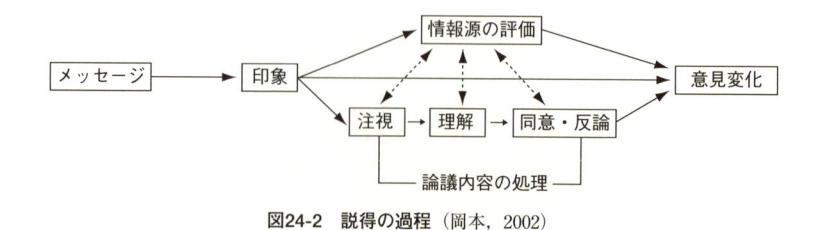

図24-2　説得の過程（岡本，2002）

の知識が乏しかったり，十分な思考ができない時や，さらに受け手の態度を強める時には一面的コミュニケーションが効果的である。逆に知識がかなりあったり，すでに形成している受け手の態度が送り手の意図する方向と反する時には両面的コミュニケーションが効果的である。

受け手の注意を引き，楽しい雰囲気を作り出すために，ユーモアを交えて情報を送ることは態度変容に効果がある。牧野は，説得情報（日本の大学の成績評価は甘い，もっと厳しくすべし）に攻撃的ユーモア（皮肉，からかい，ブラックユーモア）あるいは遊戯的ユーモア（冗談やおもしろいたとえ話）を加えて，態度変容の違いを調べた。多くの遊戯的ユーモアを交えて情報を送ると，大学の成績評価が甘いとする説得は効果的であった（図24-3）。

情緒を引き起こす情報を送る説得は，情緒的説得という。情報の受け手に恐怖や不安などの不快な感情をもたらして，その不快感を除去するために態度変容させようとする方法である。一般的に強い情緒を引き起こすと態度変容が起りやすい。

深田は，梅毒の恐怖をスライドによって示し，梅毒血液検査を受けるように説得し，その意思を調べた。色スライドによって強い恐怖を引き起こされた強恐怖群は，白黒スライドによる弱恐怖群よりも，検査を受ける意思が高いことを明らかにした（表24-1）。

しかし時には，強い情緒を引き起こすと，かえって反発や拒否を招いたり心理的混乱が起こって効果のないこともある。自分の身近な問題になると思えば，強い情緒は態度変容を起こしやすく，この効果は情緒を随伴する情報内容への自我関与の程度（自分に関わる度合い）に影響される。

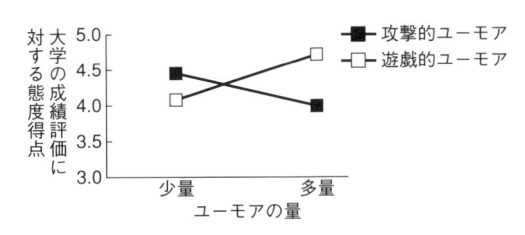

図24-3 説得に及ぼすユーモアの種類と量の効果
（牧野，1999）

表24-1 関連恐怖群における行動意思得点の平均
（深田，1983）

条件	説得直後	1週間後	4週間後
強恐怖	8.71	8.17	7.88
弱恐怖	6.88	6.46	6.33

(3) 被説得者の要因

被説得者の要因とは，すでに形成されている被説得者の態度に関わっている。ある態度を形成している人は自分の態度に照らして受け入れることのできる（受容範囲の）情報とそうでない（拒否範囲の）情報とを区別する。態度対象に対する自我関与が高いと，受容範囲は狭くなる。拒否範囲の情報をいくら送っても，態度変容は生じない。

被説得者が認知的不協和の状態にある時には，態度変容が起こりやすい。フェスティンガーは，認知要素間に不適合な状態が生じた時には不快であるため，これを解消あるいは低減しようとして，それら認知要素が適合性をもつような力が働くという理論を唱えている。たとえば，ある人の大嫌いな食べ物がカレーライス（1つの認知要素）であり，恋人（1つの認知要素）にとっては大好物であった場合を考えてみよう。食事の時になるとケンカになることが予想される。これは不協和状態である。これを解消するために，カレーライスを好きになるか，恋人と別れることになれば，態度変容が起こったことになる。

3. 態度変容への抵抗

態度変容への抵抗に関する理論として免疫理論がある。予防接種がその病気に対する抵抗力をつけると同様に，影響力の弱い情報に接していると態度変容への抵抗力が高まる。たとえば，耳にたこができるほど小言を言われていれば，強くしかられても動じないということである。

態度変容を起こそうといくら情報を送っても，情報の送り手の意図した方向とは反対の方向に効果があらわれることがある。ブーメラン効果といわれるものである。ブーメラン効果は，情報内容があいまいだったり，矛盾があったり，情報が理解されなかったりする場合に起こりやすい。

ブーメラン効果は心理的反発であり，自由な意志決定が脅かされると感じるときには態度変容は生じにくくなる。

25
人と集う

1. 他者の存在の影響

　まわりに人がいると，たとえその人たちが知らない人であっても，私たちはその存在を意識して行動することが多い。

　スポーツなどでは観客が多いと選手のやる気が向上するが，これは観客効果といわれる。このように他者の存在によってある種の行動が促進される現象は社会的促進といわれる。自信がない場合は他者の存在が行動を抑制することもある。

　一方，他者の存在によって動機づけが低下することがある。たとえば，綱引きのように個々人の作業量が区別されない時，全体として発揮された力が全員の力の総和よりも小さいことがある。このような現象は社会的手抜きといわれる。

2. 集団とは

　集団とは，①共通の目標あるいは関心，②地位や役割の分化，③集団規範の共有，④われわれ意識が見られること，を特徴とする複数の人の集まりをいう。なお，集団規範とは，自他の行動や判断の基準にする準拠枠の内で多くのメンバーに共有されているものである。

　人は，あるサークルの一員であったり，あるゼミの一員であったり，ある家族の一員であったりというように，同時にさまざまな集団に所属している。

3. 集団の分類

　集団はさまざまな観点から分類される。公式集団（フォーマルグループ）とは，組織形態や制度規則などが前もって決められていてメンバーの行動を規制する集団であり，学校や会社などがこの例である。非公式集団（インフォーマルグループ）とは，メンバーの自発的な心理的関係によって形成され，メンバー間に連帯感や一体感がみられる集団であり，友人集団がこの例である。

　メンバーが自分の所属する集団の境界を意識し，自分の集団に同一視し，愛着・忠誠の態度で望む集団はわれわれ集団という。そうでない他の集団は彼ら集団という。

　個人が自分を心理的に関係づけていて，その集団の規範が個人の判断基準になっている集団は準拠集団という。

4. 集団の構造

　集団内では，メンバーは他のメンバーとさまざまな関係を形成しているが，このメンバー間の関係は集団構造と呼ばれる。

　モレノは非公式集団の構造をとらえる方法としてソシオメトリーを考案した。これはメンバー間の好悪関係といった心理的関係に注目したものであり，

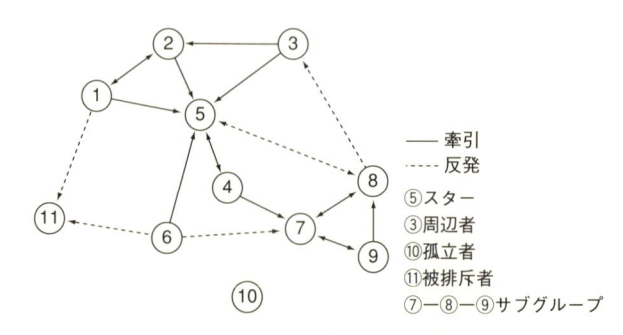

図25-1　ソシオグラムの1例

メンバー間関係はソシオメトリック構造と呼ばれる。ソシオメトリック構造を図示したものがソシオグラム（図25-1）である。ソシオグラムでは視覚的にスター，周辺者，孤立者，被排斥者，下位集団などをとらえることができる。

メンバー間の勢力関係のネットワークは，勢力構造である。勢力とは，あるメンバーが他のメンバーに影響を及ぼす可能性である。

メンバー間のコミュニケーション経路に注目して，メンバー間の関係をとらえると，コミュニケーション構造となる。

5. 集団の性質

（1）集団凝集性

集団のまとまり具合を表す概念は集団凝集性といい，「メンバーをその集団にとどめようとする力の総体」と定義される。凝集性を高める要因には，集団目標の魅力性，集団の雰囲気，メンバー間の類似性，集団所属によって得られる社会的威光，集団加入の困難度などがある。

集団凝集性が高い集団では，メンバーがその集団内にとどまろうとするので，メンバーは集団全体や他のメンバーからの働きかけを受け入れやすく，集団に積極的に参加しようとする。また，集団の一員であるという自覚は心理的安定をもたらし，自尊心も高まる。

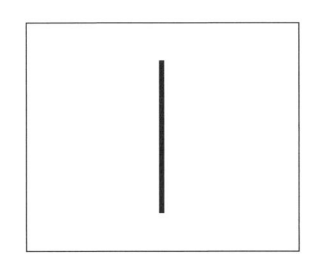

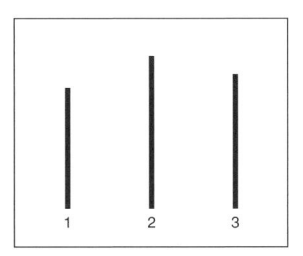

図25-2　刺激線分と比較線分（アッシュ，1955）
被験者は左側の線分と等しい長さのものを，右側の3本から選ぶ。試行ごとに，すべての線分の長さ関係が異なるが，必ず等しい対が含まれる。

(2) 集団圧力

メンバー間の相互作用によって，メンバーは相互に影響しあう。そして集団としてのまとまりを維持するために，メンバーに対して集団圧力（斉一性への圧力）が生じて集団規範への同調行動が求められる。

集団圧力についてのアッシュの実験を見よう（図25-2，図25-3）。複数の被験者（真の被験者以外はすべてサクラ：実験協力者）は席順にしたがって，刺激線分と同じ長さのものを比較線分の中から選ぶように指示される。2試行まではサクラは正しく答えるので全員の判断が一致するが，3試行目からはサクラが一致して間違いの回答をする。その結果，課題は間違えるはずのない簡単なものであるが，サクラの圧力にしたがって，真の被験者は誤答したのである。この集団圧力の強さは，集団の規模，メンバーの属性，正しい判断をする他者の存在などによって規定される。

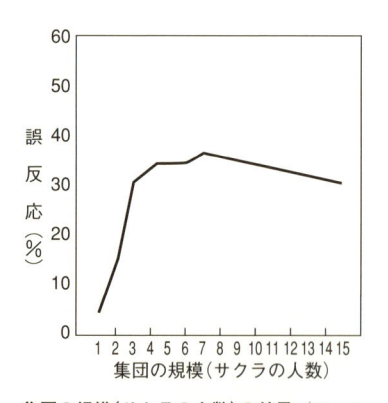

図25-3 集団の規模（サクラの人数）の効果 （アッシュ，1955）

(3) 集団の意思決定

目標設定や規則などについての意思決定の際，集団決定は個人決定よりも影響力が強い傾向にある。三隅は婦人会に対して口角炎の罹患者を減らすために糠(ぬか)を食べるよう説得してその効果を調べたところ，糠の摂取は集団決定（班決定）された場合の方が多く，また持続されることが明らかになった（図25-4）。

集団での決定は「白黒はっきりさせる」ように極端な方向に傾きやすく，これを集団の極化現象という。また個人決定よりもリスクの大きい方向への決定もされやすく，これをリスキーシフトという。リスキーなメンバーや意見が集団をリードしやすいこと，個人より多くの情報量があるので決定への不安が低減すること，決定への責任が分散されること，などのためである。

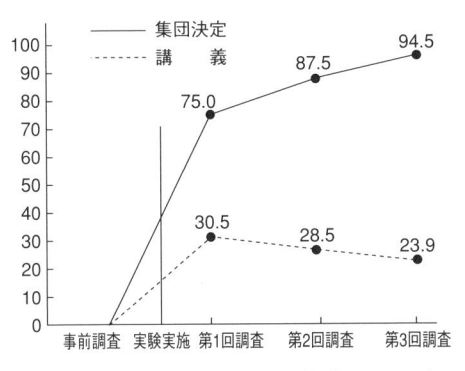

図25-4　糠を食べた者の割合の推移（三隅，1960）

── THE PSYCHOLOGIST ──

オルポート　Allport, Gordon Willard（1897～1967）
　アメリカのインディアナ州生まれ。1922年ハーヴァード大学で博士の学位を取得。パーソナリティ研究，偏見や流言などの研究で優れた業績を残した。アメリカ心理学会会長をはじめ，数多くの要職について心理学の発展に貢献した。

26
役割を担う

1. 社会的役割

　私たちがさまざまな集団に所属しその一員であることは，多かれ少なかれ，行動の基準としての集団規範にしたがって，それにふさわしい役割を意識させる。たとえばチームの一員であるなら自分はどうプレイすべきか，アルバイト先では従業員の一員としてどう行動すべきかと考える。
　この役割は社会的役割と呼ばれ，特定の社会や集団のなかで占めている位置（社会的地位）に対応する行動様式である。社会的役割は他者との相互作用を通じての学習の結果獲得される。

2. 社会的役割の獲得メカニズム

　集団内のある地位を占めた人に対して，他のメンバーの多くが同じような行動様式を期待している時，これを役割期待という。また自他の地位にふさわしい行動様式の認知は役割知覚という。他のメンバーは「あなたは○○するべき立場だ」と考えているのに，本人は「自分は△△すべきだ」と，役割期待と役割知覚が一致しない場合，メンバー間関係にはトラブルが生じやすい。したがって，自分の地位に対する役割期待と役割知覚が一致することが適切な役割行動の基盤になる。
　しかし，同時に他のメンバーから違う役割期待をされたり，役割期待の内容に同意できない場合には役割葛藤が生じて混乱を招くことがある。
　役割葛藤が生じなかったりそれが解決したなら，役割期待と役割知覚にし

たがって役割行動が実現することになる。これが役割遂行である。

3. リーダーの特性

　自発的に形成される集団ではメンバー間の交互作用に伴って，メンバーの地位・役割が分化し，権限などがしだいに明確になっていく。その中で，影響力が強く，中心的な地位を占めるメンバーはリーダーと呼ばれる。メンバーの地位・役割があらかじめ決められている集団でも，リーダーは重要な役割を担っており，他のメンバーから信頼されることが必要である。

　リーダーの心理的特性としては，知的に優れ，責任感が強く，活動的であり，社会経済的地位が高いこと，社交性・協調性などの対人的側面でも優れていることなどがあげられる。

表26-1　リーダーシップPM行動4種類の効果の順位表（三隅，1982）

	リーダーシップ類型			
	PM	M	P	pm
客観的基準変数				
業績　　長期	1	2	3	4
※短期	1	3	2	4
事故　　長期	1	2	3	4
短期	1	3	2	4
退職	1	2	3	4
認知的基準変数				
仕事に対する意欲	1	2	3	4
給与に対する満足度	1	2	3	4
会社に対する帰属意識	1	2	3	4
チーム・ワーク	1	2	3	4
集団会合	1	2	3	4
コミュニケーション	1	2	3	4
精神衛生	1	2	3	4
業績規範	1	3	2	4

※状況に対する動機づけが低い被験者の場合は，(1)P型，(2)PM型，(3)pm型，(4)M型の順位である。

4. リーダーシップ

　リーダーの機能（行動）はリーダーシップと呼ばれる。これには集団目標の達成のために他のメンバーに対して指示し命令するといった行動と，集団の維持のために他のメンバーを支持し理解し信頼するといった行動があげられる。

　三隅はメンバーから見たリーダーの集団目標達成機能をP機能，同じく集団維持機能をM機能として，それぞれの強弱によってリーダーシップの4類型（PM型，M型，P型，pm型）をとらえるPM理論を提唱した。企業内の集団について類型間の比較を行って，PM型がいろいろな面でもっとも優れており，pm型がもっとも劣っていることを明らかにした（表26-1）。

　集団の運営に注目して，メンバーを支配し何でも自分で決めてしまう専制的リーダー，個々のことはそれぞれのメンバーに任せ，また意見をよく聞いて調整する民主的リーダー，メンバーに自由にさせたままで関わろうとしない放任的リーダーに分けることもできる。民主的リーダーの場合，もっともメンバーの集団参加も積極的であり，メンバー間の関係も協力的であるといわれている。

5. 性役割

　生物学的（身体的）性差とは別に，男性および女性に対して社会的に期待される行動・態度・性格などの特性は性役割と呼ばれる。これは社会や文化によってかなり異なることが知られている（表26-2）。

　性役割の習得について，柏木は性役割行動（性役割期待の実現度），性役割観の形成，性役割同一性の確立の3レベルに分けている。性役割行動とは，社会的に期待される特性を実際にどれだけ身に付けているかである。性役割観は，本人自身の性役割に関する見方である。性役割同一性は，自分をどの程度男らしいあるいは女らしいとみなしているかをさす。

　性役割の習得は，自我の発達する青年期の重要な課題である。

表26-2 ニューギニアの3部族の文化型 (ミード, 1935／村田, 1983より)

部族	部族名	アラペッシュ	ムンドグモール	チャムプリ
	居住地域	山　地	河　川	湖
文化の全体的特徴		女性的 協同的な社会 男女老幼の差別が少ない	男性的 かつて首狩人肉食の習慣があった 好戦的・攻撃的	男女の役割がわれわれの社会と反対 女性が生産的労働に従事し消費の実権もにぎる 男性は美術工芸祭祀に従事する
男女関係		ひかえめに反応する男女の結婚が理想 性的欲求は強くなく性的葛藤はない 家族間に強い愛情的・相互依存的な結合がある	はげしい攻撃的な男女の結婚が理想 性生活は積極的 男女間に権力と地位,優越についての争いがある	優越的・非個人的・支配的な女性と, 無責任で情動的・依存的な男性との結婚 性的にも男性が従属的
育児・しつけ		男女とも子どもの世話をする きびしいしつけはほとんどしない 子どもには寛大でむしろ溺愛的 子どもの成熟を刺激しない	子どもに無関心, 拒否的 子どもを残酷に扱いきびしい罰を与えるが, しっかりしつけをするのではない 子どもの成熟を刺激する	きびしい教育・しつけはしない 母親は身体の保護と授乳以外, 子どもと偶然的な接触しかしない 1歳からの養育は父親がうけもつ 児童期以降にきびしい統制がはじまる 女児は成熟を刺激され, 男児は刺激されない
パーソナリティ特性		自己を主張しない 他人に愛され助力をうることに安定を感じる 非攻撃的・協同的・愛情的・家庭的 温和・親切	自己を強く主張する (とくに女性) 所有欲とリーダーシップへの感情が強い 攻撃的・非協同的 残酷・冷酷 粗暴・尊大	女性は攻撃的・支配的・保護者的で活発・快活 男性は女性に対して臆病で内気で劣等感をもち, 陰険でうたがい深い

ニューギニアの, 地域内に隣接した居住する3つの部族は, 男女の社会的地位・役割, あるいは育児の様式が互いにかなり異なっているが, これに対応して, それぞれの部族のパーソナリティ特性も相違している。つまり, 人はそれぞれの社会の文化的期待のもとに多くの経験が与えられ, 訓練をうけることによって, 幼小の頃から彼らの親 (成人) に近似する方向へのパーソナリティの形成を余儀なくされている。

6. 家庭での役割

　一般に父親・母親・子どもから構成される家庭において，親の役割はどのようであろうか。

　パーソンズは，親の機能として，①愛情や共感をあたえて情緒的安定をもたらし家族関係を円滑に保つ表出的機能，②訓練や統制，命令や賞罰などの執行によって適応能力や物事を達成する能力を育てて家族と社会を結びつける道具的機能をあげている。そして父親は道具的機能を，母親は表出的機能を分担するとしているが，現代では価値観の多様化（図26-1）もあって，母親が両機能の中心となっている。

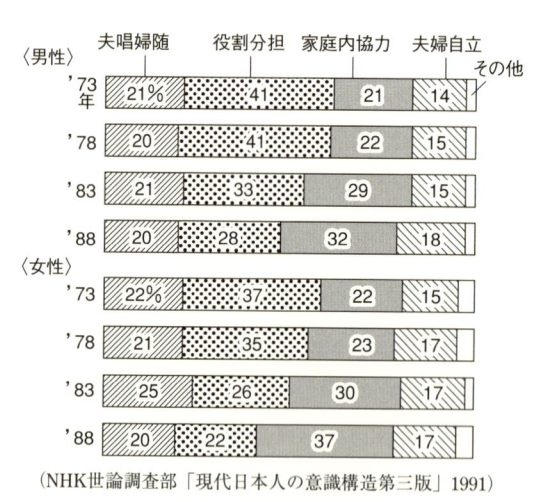

	夫唱婦随	役割分担	家庭内協力	夫婦自立	その他
〈男性〉'73年	21%	41	21	14	
'78	20	41	22	15	
'83	21	33	29	15	
'88	20	28	32	18	
〈女性〉'73	22%	37	22	15	
'78	21	35	23	17	
'83	25	26	30	17	
'88	20	22	37	17	

（NHK世論調査部「現代日本人の意識構造第三版」1991）

図26-1　理想の家庭像

27 大衆のこころ

1. 普及過程

　今街角では，髪を茶色に染めたり，歩きながら携帯電話を使っている若者を多く見かける。数年の間にまたたく間に広がった光景である。

　このように，事物，行動様式，情報などが人々の間に広くゆきわたっていく過程は普及過程と呼ばれる。

　モノが普及することは，それを受け入れ利用していく多くの人々がいることを意味する。人々はどのようにしてそのモノの存在を知り，それを利用することによって得られるだろう満足を知り受け入れていくのであろうか。図

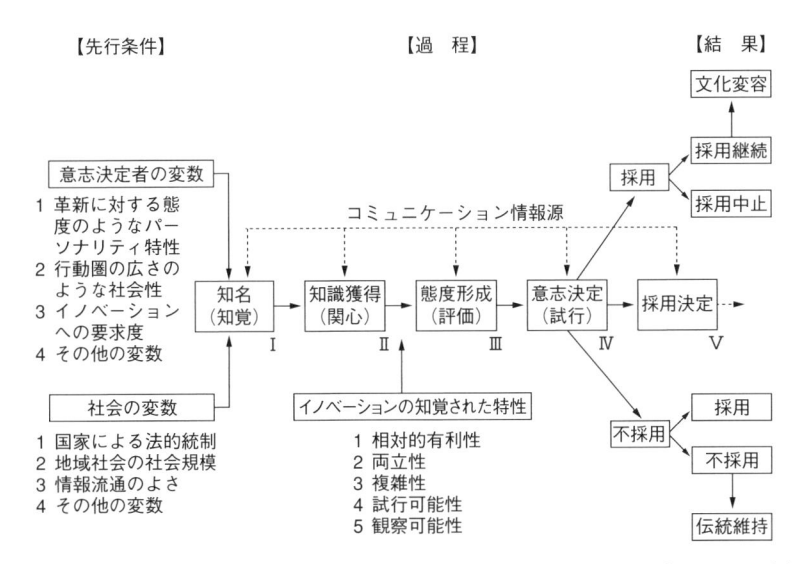

【先行条件】　　　　　　　　【過　程】　　　　　　　　【結　果】

意志決定者の変数
1 革新に対する態度のようなパーソナリティ特性
2 行動圏の広さのような社会性
3 イノベーションへの要求度
4 その他の変数

社会の変数
1 国家による法的統制
2 地域社会の社会規模
3 情報流通のよさ
4 その他の変数

コミュニケーション情報源

知名（知覚）I → 知識獲得（関心）II → 態度形成（評価）III → 意志決定（試行）IV → 採用決定 V

イノベーションの知覚された特性
1 相対的有利性
2 両立性
3 複雑性
4 試行可能性
5 観察可能性

採用 → 文化変容／採用継続／採用中止
不採用 → 採用／不採用／伝統維持

図27-1　普及の個人過程（意志決定過程）（ロジャーズとシューメーカー，1970／宇野，1977より）

27-1は個人があるモノを知り，受け入れて採用する過程（意志決定過程）を示している。この過程には，個人要因（新しいモノに対する態度，性格など），モノについての情報源，社会的状況要因が関わる。人は，マスメディア，企業，友人などを通じて，そのモノの存在を知り（知名の過程），知識を獲得し（知識獲得過程），自分にとっての意味を考え（態度形成過程），採用についての判断をする（意志決定および採用決定過程）。

2. 流　行

　流行とは，ある行動様式が社会の多数の人々に，短期間に急速に取り入れられ，そしてたちまちのうちに衰退していくという特徴を示す。

　池内は，流行の型として，①一般化型：急速に普及し，一般化する型（髪型，パーマネントなど），②減衰型：2〜3か月か長くても2〜3年で衰退する型（玩具，服装，流行歌，流行語など），③循環型：周期的に普及と減衰を繰

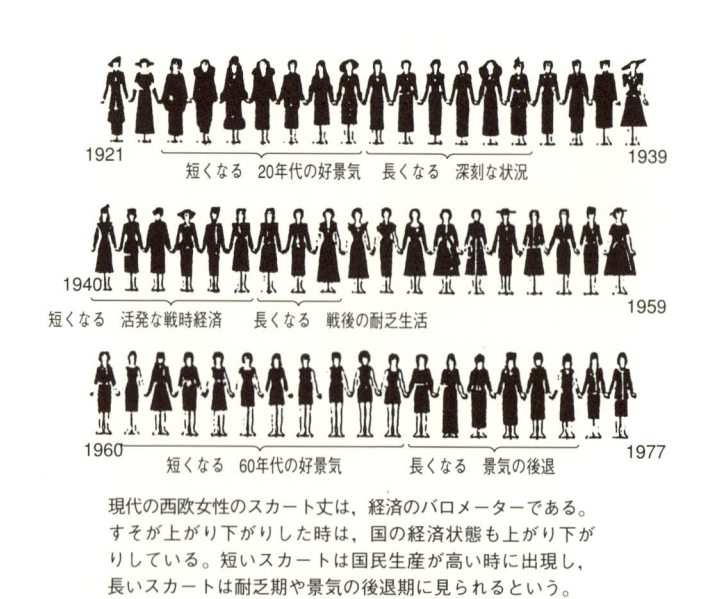

現代の西欧女性のスカート丈は，経済のバロメーターである。すそが上がり下がりした時は，国の経済状態も上がり下がりしている。短いスカートは国民生産が高い時に出現し，長いスカートは耐乏期や景気の後退期に見られるという。

図27-2　スカート丈の流行（モリス，1977／藤田訳，1980）

り返す型（スカート丈，服装の色など）（図27-2）をあげている。

流行が顕著にみられるのは服飾関係（スカート，ソックス，アクセサリーなど），俗語（言葉使い）などである（表27-1）。また，女子高校生のルーズソックスなどのように一部特定の人々に見られることも多い。

表27-1　新語・流行語大賞（自由国民社，2008）

1997年	失楽園──渡辺淳一作『失楽園』から不倫の意
1998年	ハマの大魔神──プロ野球横浜ベイスターズのストッパー佐々木主浩のこと
	だっちゅーの──パイレーツという2人の若い女性タレントの言葉
1999年	ブッチホン──小渕恵三首相のかける電話のこと
	リベンジ──プロ野球西武ライオンズ松坂大輔投手の言葉，復讐・仕返しの意
	雑草魂──プロ野球巨人軍上原浩治投手の心意気をさす
2000年	IT革命──情報技術（Information Technology）分野での革命の意
	おっはー──フジテレビ系列の番組『サタ★スマ』でタレント香取慎吾扮する慎吾ママの言葉，おはようの意
2001年	米百俵／聖域なき改革／恐れず怯まず捉われず／骨太の方針／ワイドショー内閣／改革の痛み──小泉純一郎首相の所信表明演説中に使われた言葉
2002年	タマちゃん──多摩川に現れたアゴヒゲアザラシに付けられた名
	W杯（中津江村）──サッカーW杯大会でカメルーンチームを誘致した大分県の村
2003年	毒まんじゅう──自民党総裁選に際しての政治家野中広務氏の言葉
	なんでだろ～──タレントのテツandトモのセリフ
	マニフェスト──政権公約の意
2004年	チョー気持ちいい──アテネ五輪100m平泳ぎ優勝の北島康介選手の試合後の言葉
2005年	小泉劇場──2005年9月の衆議院選挙の状況を表現した言葉
	想定内（外）──堀江貴文ライブドア社長の言葉
2006年	イナバウアー──トリノ冬季五輪のフィギュアスケート優勝の荒川静香選手の得意技
	品格──数学者藤原正彦著「国家の品格」から
2007年	（宮崎を）どげんかせんといかん──東国原英夫宮崎県知事の言葉（方言）
	ハニカミ王子──石川遼アマチュアゴルフ選手のこと

3. 群集行動

　一時的な不特定の人々の集合は一般に群集と呼ばれ，この群集の行動は

個々人の行動特性とは違った特徴を示すことが多い。

群集行動の1つであるパニックは，火災や船の沈没などの状態の中での群集の逃走行動である。人々が狭い逃げ路や階段に殺到して，将棋倒しになったり圧死する例があげられる。パニックには，第一次石油ショック時のトイレットペーパー・パニックのような買いだめ騒ぎにみられる獲得行動を含めることもある。

パニックは，多くの人々が恐怖感をもち，突発的で予測不可能な事態で，人々の連帯性が欠如しており，リーダーの不在による統率がとれない状態で，「われ先に」という競争的事態において起こりやすいといわれる。

また，サッカー場や競馬場などで，あるトラブルをきっかけとして起こる暴徒化した群集はモッブと呼ばれる。

4. 群集行動への同調

多くの人々が同じ行動をしていると，他の人々がそれと同じ行動をすることがある。ミルグラムらは，サクラがニューヨークの繁華街でビルの6階の窓を60秒間見上げている時の通行人の反応を調べた。その結果，サクラの人数が多くなると誘引力が強くなり，通行人が同じ行動をする割合は増加することを見出した（図27-3）。

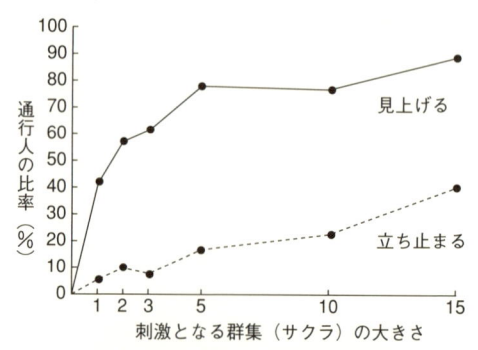

図27-3 刺激となる群集の大きさの関数としての見上げた人および立ち止まった人の平均比率
（ミルグラム，ビックマンとバーコヴィッツ，1969）

5. 流　言

　確かな根拠もない情報が自発的に人から人へと伝えられていくことは流言と呼ばれる。流言は，人が重要で関心のある話題について十分に正確な情報をもたず，状況があいまいな時に発生しやすい。この重要性とあいまいさのうち，一方だけの条件では流言は起こらないと考えられている。

　流言は，内容が単純化・簡略化され，一部が強調され，受け入れられやすいように再構成される傾向がある。

　実際に起こった例には，1973年12月にT信用金庫の取り付け騒ぎがある。電車内での女子高校生のおしゃべりを発端にして数日のうちに6000人を巻き込んだ騒ぎになった（図27-4）。

　なお，デマは悪意をもってある特定方向へ人々を誘導する目的で故意に捏造された情報を流布することであり，流言とは区別される。

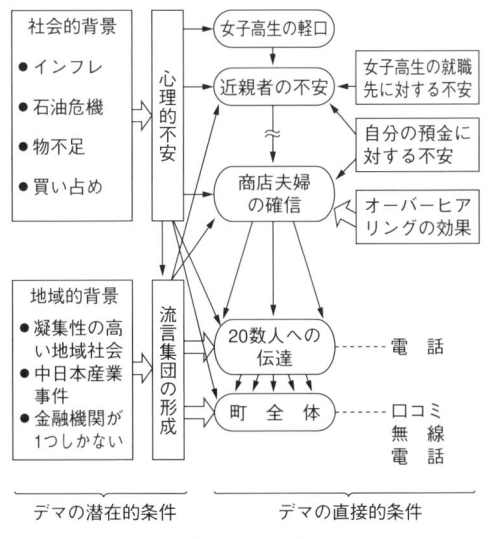

図27-4　T信金デマの発生条件（高橋，1982）

心理学で使う統計

心理学によく出てくる統計量と検定や分析について説明する。

1. 独立変数と従属変数
2つの変数間に因果関係が想定される場合，原因となる変数を独立変数（x），影響を受ける変数を従属変数（y）という。

2. 平均値と標準偏差
平均値は，ある集団の特性を表す代表値の1つである。標準偏差は，データの散らばりを表す数値である。これは，個々のデータと平均値のズレの平均である。

3. 平均値の検定
ある集団と別の集団との違いを調べる代表的な方法は，平均値を比較することである。その統計的な検定法にはt検定（2群間），F検定（2群間以上），分散分析法などが使われる。

4. 比率の検定
得られたデータが比率である場合，平均値ではなくχ^2検定が使われる。

5. 相関係数
相関係数はある集団から得られた2変数間の関連の強さを示す数値である。さまざまな相関係数があるが，もっとも代表的なものはピアソンの相関係数である。＋1に近い数値は正の強い相関，－1に近ければ負の強い相関があるという。0に近ければ無相関という。相関係数の大きさが意味あるものかどうかの判断は，ケース数によって統計学的に決められる。

6. 因子分析
さまざまな変数間の関係を手がかりにして，その背景にある潜在的な因子を明らかにする（抽出する）ための手法である。計算手続が複雑なため，パソコンを使って計算する。

課　　　題

1. 判断推理

目的 問題を解くことを通じて，おとな向けの知能検査について体験的に理解してみる。

手続 以下に，問題が2題ある。時間は特に決まっていないが，時間を計って解いてみよう。

問題1 正方形の紙を図1のように問題1の図に折りたたんでいき，最後に斜線部分を切り落とす。これを広げた時の図として正しいものは，つぎのうちのどれだろうか。番号で答えよ。

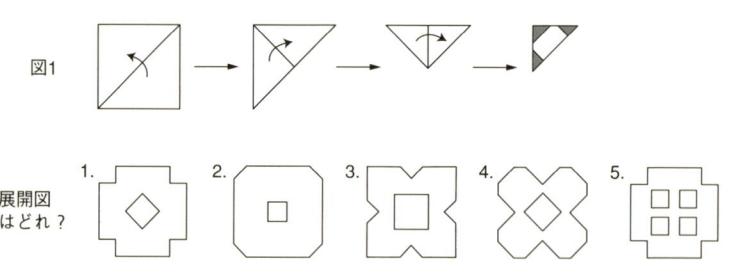

図1

展開図はどれ？
1.　2.　3.　4.　5.

問題2 図2のような展開図を組み立てた時にできる図形は次のうちどれだろうか。番号で答えよ。

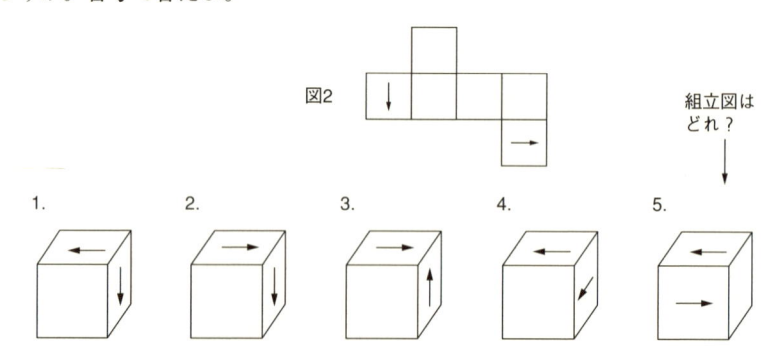

図2

組立図はどれ？

1.　2.　3.　4.　5.

解説　本を逆さにして読んでください。

問題1　これは『公務員教養試験　中級事務　初級問題』の問題集にあるもので, 平面図形の例題のうちのある系列問題である。順に広げていくと, 図のようになる。したがって, 正解は4である。

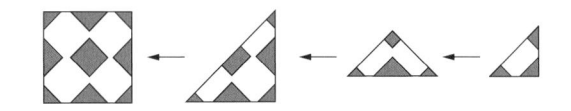

問題2　同様に, 空間図形の例題のうちのある展開図問題である。展開図を組み立てて行くときに, どの辺とどの辺が重なるかを順番に調べていく。
面①と面④を組み立てると, ABとGFが重なる。
面②と面④を組み立てると, BCとFEが重なる。
面③と面④を組み立てると, CDとEDが重なる。
したがって, 面①と面④の関係は図のようになる。したがって, 正解は3である。

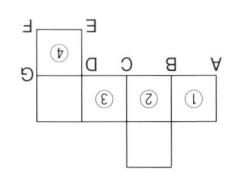

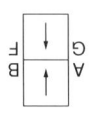

地方上級, 国家Ⅱ種, 国税専門官, 国家Ⅰ種, 市役所などの公務員試験には, 一般教養の知能問題として,「判断推理」「数的推理」「文章理解・資料解釈」などがある。ここでは,「判断推理」のうちから, 平面図形, 空間図形の問題の一例を取り上げた。

就職対策研究会　2003　公務員教養試験短期集中知能問題　高橋書店
(問題1はp.89, 問題2はp.91にある)

138 課題

2. 今のあなたはどんな気持ち？

目的 私たちの感情は，時間の経過や状況に伴って，めまぐるしく変化している。このような変わりやすい感情について，自分は今どのような感情を感じているのかを客観的に調べてみよう。

手続 次のページの40の質問を読んで，それぞれどれくらい感じているかを「はっきり感じている」から「まったく感じていない」までの4つの中から選んで○をつけてください。

結果の整理 「まったく感じていない」を1点，「あまり感じていない」を2点，「少し感じている」を3点，「はっきり感じている」を4点として，表1のグループごとに合計点を出す。

解説 今回扱った感情は，①抑うつ・不安，②敵意，③倦怠，④活動的快，⑤非活動的快，⑥親和，⑦集中，⑧驚愕，といった8種類の感情である。表2に大学生の平均値を示した。

表1 各グループの質問番号

グループ	質問No.	合計	グループ	質問No.	合計
①	8・10・18・33・34		⑤	12・16・24・32・38	
②	20・28・31・35・39		⑥	21・23・30・36・40	
③	13・17・22・26・37		⑦	6・11・14・25・29	
④	1・4・5・7・27		⑧	2・3・9・15・19	

表2 感情に対する大学生の平均値と標準偏差 （寺崎ら，1991）

	男		女	
	平均	SD	平均	SD
① 抑うつ・不安	11.8	3.5	11.2	3.8
② 敵意	9.2	3.4	7.6	8.6
③ 倦怠	14.0	3.3	12.1	3.4
④ 活動的快	11.7	3.4	13.4	3.4
⑤ 非活動的快	12.8	3.3	14.0	3.4
⑥ 親和	11.7	3.9	12.3	3.9
⑦ 集中	11.8	3.2	10.9	2.9
⑧ 驚愕	9.4	3.7	8.2	3.3

			はっきり感じている	少し感じている	あまり感じていない	まったく感じていない
1.	はつらつとした	(1)	4 —	3 —	2 —	1
2.	びくりとした	(2)	4 —	3 —	2 —	1
3.	動揺した	(3)	4 —	3 —	2 —	1
4.	活気のある	(4)	4 —	3 —	2 —	1
5.	気力に満ちた	(5)	4 —	3 —	2 —	1
6.	注意深い	(6)	4 —	3 —	2 —	1
7.	元気いっぱいの	(7)	4 —	3 —	2 —	1
8.	自信がない	(8)	4 —	3 —	2 —	1
9.	はっとした	(9)	4 —	3 —	2 —	1
10.	悩んでいる	(10)	4 —	3 —	2 —	1
11.	思慮深い	(11)	4 —	3 —	2 —	1
12.	のんきな	(12)	4 —	3 —	2 —	1
13.	無気力な	(13)	4 —	3 —	2 —	1
14.	丁重な	(14)	4 —	3 —	2 —	1
15.	びっくりした	(15)	4 —	3 —	2 —	1
16.	のどかな	(16)	4 —	3 —	2 —	1
17.	だるい	(17)	4 —	3 —	2 —	1
18.	くよくよした	(18)	4 —	3 —	2 —	1
19.	驚いた	(19)	4 —	3 —	2 —	1
20.	攻撃的な	(20)	4 —	3 —	2 —	1
21.	恋しい	(21)	4 —	3 —	2 —	1
22.	つまらない	(22)	4 —	3 —	2 —	1
23.	愛らしい	(23)	4 —	3 —	2 —	1
24.	ゆっくりした	(24)	4 —	3 —	2 —	1
25.	慎重な	(25)	4 —	3 —	2 —	1
26.	疲れた	(26)	4 —	3 —	2 —	1
27.	陽気な	(27)	4 —	3 —	2 —	1
28.	うらんだ	(28)	4 —	3 —	2 —	1
29.	ていねいな	(29)	4 —	3 —	2 —	1
30.	すてきな	(30)	4 —	3 —	2 —	1
31.	むっとした	(31)	4 —	3 —	2 —	1
32.	のんびりした	(32)	4 —	3 —	2 —	1
33.	不安な	(33)	4 —	3 —	2 —	1
34.	気がかりな	(34)	4 —	3 —	2 —	1
35.	敵意のある	(35)	4 —	3 —	2 —	1
36.	いとおしい	(36)	4 —	3 —	2 —	1
37.	退屈な	(37)	4 —	3 —	2 —	1
38.	おっとりした	(38)	4 —	3 —	2 —	1
39.	憎らしい	(39)	4 —	3 —	2 —	1
40.	好きな	(40)	4 —	3 —	2 —	1

3. 自分を知ろう

目的 自尊感情とは,「自分自身についてどれだけ肯定的に評価しているか」である。デュボアらによる自尊感情尺度を使用して,自分の自尊感情の程度を測定してみよう。

手続 次のページの質問は,あなたが自分自身についてどのように感じているかをたずねるものです。自分自身についてもっともよくあてはまるものに1つ〇をつけてください。

結果の整理 6つの下位尺度ごとに合計点,平均点を算出しよう。項目番号の左に＊のある項目は逆転項目であるので,得点化に注意が必要である。

解説 全体的自尊感情とは,自分自身を全体的に見た時に肯定的に感じているのか否定的なのかを表している。また仲間関係などの各側面は,それぞれの側面について自分がどれだけ肯定的に評価しているのかを示している。4段階評定であるので2.5点が中間点となる。2.5点以上であれば自分に肯定的であり,2.5点以下なら自分を否定的にとらえていることになる。自分自身のどのような側面について肯定的なのか,否定的なのかを考察してみよう。

表1 自尊感情の側面と集計表

	項目番号	合計点	平均点
仲間関係（8項目）	項目 1. 7. 13. 19. 25. 30. 35. 39.		
学校（8項目）	項目 2. 8. 14. 20. 26. 31. 36. 40.		
家族（8項目）	項目 3. 9. 15. 21. 27. 32. 37. 41.		
身体的外見（4項目）	項目 4. 10. 16. 22.		
スポーツ／運動（6項目）	項目 5. 11. 17. 23. 28. 33.		
全体的自尊感情（8項目）	項目 6. 12. 18. 24. 29. 34. 38. 42		

無印の項目番号の得点化 ………… 4→4点, 3→3点, 2→2点, 1→1点
＊印がついた項目番号の得点化 … 4→1点, 3→2点, 2→3点, 1→4点

			とてもあてはまる	ややあてはまる	ややあてはまらない	まったくあてはまらない
1.	自分の理想どおり同級生に人気がある	(1)	4	3	2	1
2.	自分の理想どおりのよい生徒である	(2)	4	3	2	1
3.	家族が自分のことを好きでいてくれて満足である	(3)	4	3	2	1
4.	今の自分の容姿に満足している	(4)	4	3	2	1
5.	自分の理想どおりにスポーツや運動ができる	(5)	4	3	2	1
6.	いろいろなことができる自分に満足している	(6)	4	3	2	1
7.	新しい友だちが欲しい時に友だちを作ることができる	(7)	4	3	2	1
8.	自分の理想どおりに勉強がよくできる	(8)	4	3	2	1
9.	家族の間でもめごとが多い	*(9)	4	3	2	1
10.	今の自分の体型が好きである	(10)	4	3	2	1
11.	スポーツや運動がもっとうまくできたらいいのにと思う	*(11)	4	3	2	1
12.	時々自分は"ダメなやつ"だと思う	*(12)	4	3	2	1
13.	自分の望んでいる数だけ親友がいる	(13)	4	3	2	1
14.	自分の計算能力はこれで十分だと思っている	(14)	4	3	2	1
15.	家庭でのトラブルが多すぎる	*(15)	4	3	2	1
16.	自分の体重と身長はこれで十分だと思っている	(16)	4	3	2	1
17.	スポーツや運動に参加した時、うまくできるので満足である	(17)	4	3	2	1
18.	人として自分自身に満足している	(18)	4	3	2	1
19.	自分の理想どおりに、他の人から好かれていると思う	(19)	4	3	2	1
20.	自分の思うような筆記能力や読解力がある	(20)	4	3	2	1
21.	家族での自分の立場は、これでよいと思っている	(21)	4	3	2	1
22.	容姿がもっと違ったらいいのにと思う	*(22)	4	3	2	1
23.	いろいろなスポーツや運動がうまくできて満足している	(23)	4	3	2	1
24.	自分は自分の理想とする人間である	(24)	4	3	2	1
25.	他の人と十分うまくやっていると思う	(25)	4	3	2	1
26.	自分の成績に十分満足している	(26)	4	3	2	1
27.	家族とうまくやっていると思う	(27)	4	3	2	1
28.	初めてするスポーツや運動をもっと簡単に身につけられたらと思う	*(28)	4	3	2	1
29.	時々自分自身が恥ずかしくなる	*(29)	4	3	2	1
30.	友だちからもっと好かれたいと思う	*(30)	4	3	2	1
31.	自分がよい生徒であることに満足している	(31)	4	3	2	1
32.	私の家族は、とても自分を気づかってくれる	(32)	4	3	2	1
33.	自分がやりたいと思ういろいろなスポーツに参加している	(33)	4	3	2	1
34.	今の自分が好きである	(34)	4	3	2	1
35.	友だちは私の考えを十分わかってくれていると思う	(35)	4	3	2	1
36.	自分の理想どおりの成績である	(36)	4	3	2	1
37.	家族の自分への愛情に満足している	(37)	4	3	2	1
38.	私は自分の理想とするようないい人である	(38)	4	3	2	1
39.	他の人が、自分と一緒に行動したいと思ってくれていて満足である	(39)	4	3	2	1
40.	成績が悪すぎる	*(40)	4	3	2	1
41.	家族は自分の意見に十分配慮してくれていると思う	(41)	4	3	2	1
42.	もっと自分に自信が持てたらいいなあと思う	*(42)	4	3	2	1

4. タブー・ゾーンを調べよう

目的　あなたは，前の席に座っている友だちに呼びかける時に，どのような合図を送るだろうか。

声をかけるだけの時もあれば，肩や背中に触れて合図を送ることもあるだろう。だが，たぶん頭や腰に触れることはない。

他者が触れてはいけない身体部位はタブー・ゾーンとよばれる。いわば，触れる側の人が触れてはいけないと感ずる相手の身体部位であり，触れられる側の人が相手から触れられたくない身体部位である。

身体のどんな部位がタブー・ゾーンであるのか，2つの立場から調べよう。

方法
  1. 自分が触れる部分

あなたは，他者の身体どの部分には触れやすいですか。同性の友人と異性の友人の場合について，図1（人の正面と背面）に書き入れてください。

  2. 自分が触れられる部分

あなたが他者から触れられる部分について，図2に，書き入れてください。

解説　身体の前面と背面の違い，相手による違いを考察しよう。また，他の人の結果と比べて考察しよう。

一般的に，タブー・ゾーンは身体の中心に近い部位である。

友人同士であれば，肩，背中，二の腕は合図する時には触れやすい部位であろう。母親は乳児に対して養育上身体のすべての部位に触れるだろう。

このように，タブー・ゾーンは人間関係，発達段階や状況によって異なる。また，あいさつする時に，文化によっては握手や抱擁するなどの身体接触行動を伴う習慣があることをみると，文化差は大きい。

さらに，親（父親，母親）や知り合いの人など，自分と人間関係のあるさまざまな人の場合を考えてみよう。

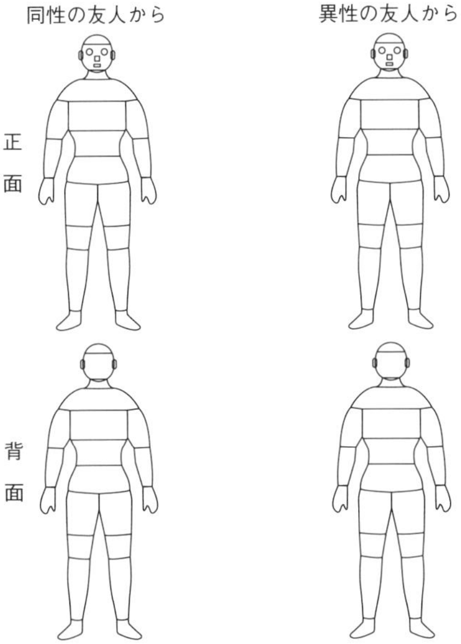

143

同性の友人から　　　　　異性の友人から

正面

背面

図1　自分が触れられる

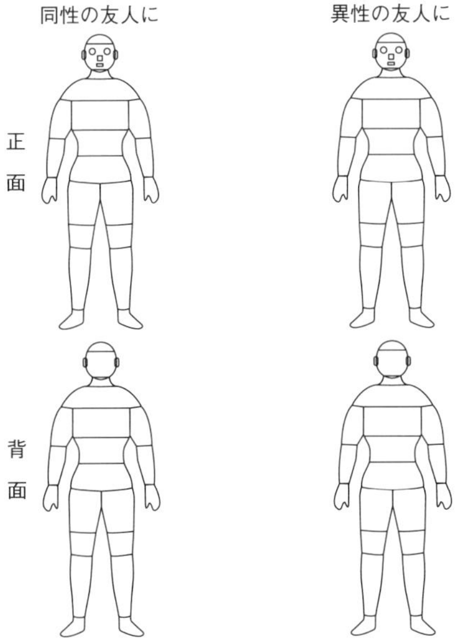

同性の友人に　　　　　異性の友人に

正面

背面

□ ほとんど触れない（触れられない）
▨ たまに触れる（触れられる）
▨ ときどき触れる（触れられる）

図2　自分が触れる

図1　立ち話1

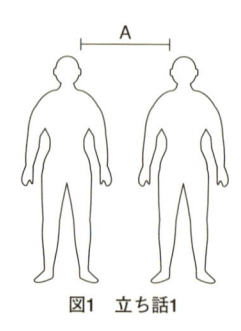

表1　相手との距離

相手	状況	距離（cm）
親しい友	会話	
父	会話	
母	会話	
兄弟（姉妹）	会話	

5. 他者との距離を調べてみよう

目的　今，あなたは電車を待ってプラットホームに立っている。周りには数人が，まもなく来る同じ電車を待っている。

こんな状況では，あなたはどんなことを考えるだろうか。たぶん，「電車は空いているだろうか」，「座る席があるだろうか」と考えるだろう。

電車が来て乗り込むと，ずいぶんと席が空いている。あなたはどんな位置の席に座るだろうか。たぶん，すでに座っている人のすぐ隣りではなく，ほどほどに離れた位置に座るだろう。

このように，私たちは他者との距離が近いとわずらわしくまた窮屈に感ずるので，適当な間合いをとろうとする。いわば，自分のものと感ずる空間（パーソナル・スペース）を十分に広くとろうとする。

電車が混んでいるような状況では，自由にパーソナル・スペースを確保できないので，狭くならざるをえない。また，他者との関係によってパーソナル・スペースの広さは規定される。恋人であればパーソナル・スペースは狭くなり，公的な関係の他者であれば広くとられる。

そこで，心理的緊張をほとんど感じない，他者との距離を調べてみよう。

方法　表1にある他者（相手）それぞれと，図1のような位置で日常的な会話をする時に，あなたが自然だと思うおおよその距離Aを表のなかに書き入れてください。

解説　相手による距離の違いを考察しよう。また他の人の結果と比較して

図2 立ち話2

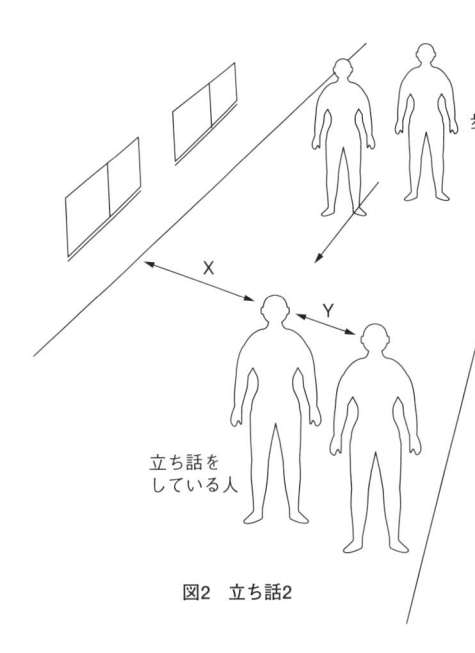

表2　認知された2人の空間

距離比(X:Y)	通過率
1:1	
1:1.5	
1:2	
1:2.5	

通過率：Yを通過した人数／調べた人数

みよう。

　お互いに心理的緊張をほとんど生じない距離は，周囲の状況によるが，親しい人との会話であれば50cmから100cm程度あり，仕事上の会話などであれば1mから3m程度の距離になるといわれている。

〈発展課題〉　2人が向かい合って話をしていると，第三者からは，その両者のあいだの空間が2人に占有されていると認知され，侵入されにくい。

　そこで，大学内の廊下であなたと友人が立ち話をしている状況（図2）で，歩いてくる他者（1人か2，3人の場合）にそのあいだを割られない（通過されない）距離を調べてみよう。

方法　図2を見て，空いている空間の距離（X）と2人の間の距離（Y）の比率を変えて，2人の間の空間を通過する人の割合を調べましょう。

解説　状況（座って話をしている状況，トランプをしている状況など），話をしている人の組み合わせ（男女，年配者と若者など）や人数，場所を変えて調べ，その違いを考察しよう。

文　　献

■1章　心理学とは
　堀　洋道　1985　心理学─学問への道─　進研スコープ, **91**, 46-47.
　Morris, D.　1977／藤田　統訳　1980/1991　マンウオッチング（上下）　小学館

■2章　行動の基礎
　Brown, M.　1979／新井康允訳　1981　右と左の脳生理学─右脳思考と左脳思考─　東京図書
　酒井邦嘉　1997　心にいどむ認知脳科学─記憶と意識の統一論─　岩波書店
　時実利彦　1962　脳の話　岩波書店

■3章　感覚・知覚のしくみ
　Boring, E. G.　1930　A new ambiguous figure. *American Journal of Psychology*, **42**, 444-445.
　Gibson, J. J.　1950　*The perception of the visual world*. Boston: Houghton Mifflin.
　Kanizsa, G.　1955　Margini quasi-percetivi in camp; con stimolazione omogenea. *Riv, Psicol.*, **49**, 7-30.
　Kimble, G. A., Garmany, N., & Ziegler, E.　1980　*Principles of general psychology* (5th ed.) New York : Wiley.
　Miller, J. A.　1967／戸田壱子・新田倫義訳　1973　心理学の認識　白揚社
　大野木裕明・宮沢秀次・二宮克美　1990　サイコロジー　教養課程の心理学　協同出版　14-37.
　Rubin, E.　1921　*Visuell wahrgenommene Figuren*. Copenhagen:Gyldendalska Boghaudal.
　Wertheimer, M. 1923 Untersuchungen zur Lehre von der Gestalt II. *Psychologische Forschung*, **4**, 301-350.

■4章　知覚の諸相
　Bruner, J. S. & Goodman,. C. C.　1947　Value and need as organizing factors in perception. *Journal of Abnormal psychology*, **42**, 33-44.
　Gibson, J. J.　1950　*The perception of the visual world*. Boston: Houghton Mifflin.
　村田孝次　1987　四訂版　教養の心理学　培風館
　大野木裕明・宮沢秀次・二宮克美　1990　サイコロジー　教養課程の心理学　協同出版　14-37.
　Whorf, B. L.　1956　*Language, thought, and reality : selected writings*. Cambridge : Technology Press of Massachusetts Institute of Technology.

■5章　新しく学ぶ
　Bandura, A., Ross, D., & Ross, S. A.　1963　Imitation of film-mediated aggresive models. *Journal of Abnormal and Social Psychology*, **66**, 3-11.

藤田　勉・藤田直子　2001　行動科学序説―「行動の科学」としての心理学―　世音社
Keller, F. S., & Schoenfeld, W. N.　1950／村田孝次　1987　四訂版　教養の心理学　培風館
大野木裕明　1984　伝統工芸士の学習過程―若狭めのう細工に関するノート―　椙山女学園大学研究論集，**15**(2), 43-54.
Yerkes, R. M., & Margulis, S.　1909／村田孝次　1987　四訂版　教養の心理学　培風館

■6章　覚えるしくみ
Atkinson, R. C., Shiffrin, R. M.　1971／バドリー（著）　1982　川幡政道訳　1988　カラー図説　記憶力―そのしくみとはたらき―　誠信書房
Baddeley, A. D.　2000／苧阪満里子訳　2002　脳のメモ帳，ワーキングメモリ　新曜社
北尾倫彦・中島　実・井上　毅・石王敦子　1997　グラフィック心理学　サイエンス社
Miller, G. A.　1956　The magical number seven plus minus two: Some limits on our capacity for processing information. *Psychological Review*, **63**, 81-97.
苧阪満里子　2002　脳のメモ帳，ワーキングメモリ　新曜社

■7章　日常的な記憶
Brown, R., & Kulik, J.　1977　Flashbulb memories. *Cognition*, **5**, 73-99.
Carmicheal, L., Hogan, H. P., & Walter, A. A.　1932　An experimental study of the effect of language on the reproduction of visually perceived form. *Journal of Experimental Psychology*, **15**, 73-86.
兵藤惠子・森野礼一　1999　阪神・淡路大地震による精神的身体的影響に関する調査研究―女子大学生における地震直後，2か月後，9か月後の状態―　心理学研究, **70**, 104-111.
Jenkins, J. G., & Dallenbach, K. M.　1924　Obliviscence during sleep and waking. *American Journal of Psychology*, **35**, 605-612.
Nickerson, R. S., & Abams, M. J.　1979　Long-term memory for a common object. *cognitive Psychlogy*, **11**, 287-307.
植松　正　1947　裁判心理学の諸相　世界社　114-118.
Wagenar, W. A.　1986　My memory : A study of autobiographical memory over six years. *Cognitive Psychology*, **18**, 225-252.

■8章　やる気と行動
Bexton, W. H., Heron, W., & Scott, T. H.　1954　Effects of decreased variation in sensory environment. *Canadian Journal of Psychology*, **8**, 70-76.
Heron, W.　1957　The pathology of boredom. *Scientific American*, **196**, 52-56.／1961　Cognitive and physiological effects of perceptual isolation. In. P. Solomon et al.(Eds.), *Sensory deprivation*. Harvard University Press.
Herzberg, F.　1966／北野利信訳　1968　仕事と人間性　東洋経済新報社
堀野　緑　1991　成功恐怖の再検討　実験社会心理学研究, **31**, 61-68.
Maslow, A. H.　1970／八田武志編　1987　教育心理学　培風館

Murray, H. A.　1938　*Exploration in personality.* Oxford University Press.
トーメイ編　都留伸子監訳　1991　看護理論家とその業績　医学書院
Weiner, B.　1979　A theory of motivation for some classroom experiences. *Journal of Educational Psychology,* **71**, 3-25.

■9章　迷うこころ

Coleman, J. C.　1950／帆足喜与子訳　1996　個性と適応　岩波書店
Holmes, T. H., & Rahe, R. H.　1967　The social readjustment rating scale. *Journal of Psychosomatic Research,* **11**, 213-218.
金井篤子　1997　ストレスとその対応　宮沢秀次・二宮克美・大野木裕明編　ばーじょんあっぷ　自分でできる心理学　ナカニシヤ出版　68-71.
金城辰夫編　1990　図説現代心理学入門　培風館
Lazarus, R. S., & Folkman, S.　1984／本明　寛・春木　豊・織田正美監訳　1991　ストレスの心理学　実務教育出版
Lewin, K.　1935／相良守次・小川　隆訳　1961　パーソナリティの力学説　岩波書店
Maier, N. R. F.　1949／池田貞美・高橋守雄訳　1971　欲求不満の心理　誠信書房
田中正敏　1987　ストレスのメカニズムと健康　河野友信編　産業ストレスの臨床　朝倉書店　5-16.
Selye, H.　1936　A syndrome producted by diverse nocuous agents. *Nature,* **138**, 32.

■10章　喜怒哀楽

Arnold, M. B.　1960　*Emotion and personality.* 2 vols. New York:Columbia University Press.
Ax, A. F.　1953　The physiological differentiation between fear and anger in humans. *Psychosomatic Medicine,* **15**, 433-442.
Bridges, K. M. B.　1932　Emotion development in early infancy. *Child Development,* **3**, 324-341.
Jenkins, J. G., & Dallenbach, K. M.　1924　Obliviscence during sleep and waking. *American Journal of Psychology,* **35**, 605-612.
Lazarus, R. S.　1991　*Emotion and adaptation.* Oxford University Press.
宮本美沙子　1983　情緒　三宅和夫・村井潤一・波多野誼余夫・高橋恵子編　児童心理学ハンドブック　金子書房　785-808.
Morris, D.　1977／藤田　統訳　1980　マンウォッチング　小学館
大野木裕明・宮沢秀次・二宮克美　1990　サイコロジー　教養課程の心理学　協同出版　90-120.
Plutchik, R.　1981　情緒と人格／浜　治世編　現代基礎心理学 8　動機・情緒・人格　東京大学出版会　145-161.
谷口高士　2002　感情と認知をめぐる研究の過去・現在・未来　高橋雅延・谷口高士(編)　感情と心理学　北大路書房　81-97.
八木　冕　1967　動機づけ　八木　冕編　心理学Ⅱ 動機づけと感情　培風館　2-34.

■11章　個性があらわれる

Allport, G. W.　1961／今田　恵訳　1968　人格心理学(上・下)　誠信書房

Cattell, R. B.　1965／斎藤耕二・安塚俊行・米田弘枝訳　1981　パーソナリティの心理学　改訂版　金子書房

Eysenck, H. J.　1977／塩見邦雄・岸本陽一訳　1982　神経症はなおせる　ナカニシヤ出版

Kretschmer, E.　1955／相場　均訳　1961　体格と性格　文光堂

村上宣寛・村上千恵子　2001　主要5因子性格検査ハンドブック―性格測定の基礎から主要5因子の世界へ―　学芸図書

下仲順子・中里克治・権藤恭之・高山　緑　1999　NEO-PI-R人格検査・NEO-FFI人格検査　東京心理

詫摩武俊・瀧本孝雄・鈴木乙史・松井　豊　1990　性格心理学への招待　サイエンス社

辻平治郎　1998　5因子性格検査の理論と実際―こころをはかる5つのものさし―　北大路書房

辻平治郎・藤島　寛・辻　斉・夏野良司・向山泰代・山田尚子・森田義宏・秦　一士　1997　パーソナリティの特性論と5因子モデル―特性の概念，構造，および測定―　心理学評論，**40**, 239-259.

■12章　パーソナリティを調べる

上里一郎監修　2000　心理アセスメントハンドブック(改訂版)　西村書店

Block, J.　1993　Studying personality the long way. In D. C. Funder et al.(Eds.), *Studying lives through time: Personality and development.* APA

本明　寛　1973　新版・心理テスト　社会思想社

Murray, H. A.　1943　*Thematic Apperception Test Manual.* Harvard University Press.

Rorschach, H.　1921／片口安史訳　1976　精神診断学　金子書房

佐野勝男・槙田　仁　1961　精研式主題構成検査解説―成人用　金子書房

住田勝美・林　勝造・一谷　彊　1961　改訂版　PFスタディ使用手引　三京房

詫摩武俊監修　1998　性格心理学ハンドブック　福村出版

東京大学医学部心療内科　1995　新版エゴグラム・パターン―TEG（東大式エゴグラム）第2版による性格分析　金子書房

辻平治郎　1998　5因子性格検査の理論と実際―こころをはかる5つのものさし―　北大路書房

辻岡美延　1979　新性格検査法―YG性格検査実施・応用・研究手引き　日本・心理テスト研究所

内田勇三郎　1952　クレペリン・内田作業素質検査　日本精神技術研究所

■13章　精神的健康（メンタルヘルス）

Frankl, V. E.　1952／霜山徳爾訳　1961　死と愛　みすず書房

Maslow, A. H.　1954／上田吉一訳　1969　完全なる人間　誠信書房

野島一彦　1992　クライエント中心療法　氏原　寛ほか共編　心理臨床大事典　培風館

Rogers, C. R.　1959／伊東　博訳　1967　ロジャーズ全集第8巻　パーソナリティ理論　岩崎学術出版社

The American Psychiatric Association 1994／高橋三郎・大野 裕・染矢俊幸訳 1996 DSM-Ⅳ—精神疾患の診断・統計マニュアル 医学書院

World Health Organization 1992／融 道男他訳 1993 ICD-10精神および行動の障害—臨床記述と診断ガイドライン 医学書院

■14章 自分を知る

Cooley, C.H. 1902 *Human nature and the social order*. Charles Scribner's Sons.

榎本博明 1990 発達心理学における自己・自我研究について 人間科学研究, **1**, 10-32.

Freud, S. 1923／井村恒郎訳 自我とエス 井村恒郎・小此木啓吾ほか訳 1970 フロイト著作集6 自我論・不安本能論 人文書院 263-299.

Higgins, E.T. 1987 Self-discrepancy: A theory relating self and affect. *Psychological Review*, **94**, 319-340.

James, W. 1892 ／今田 寛訳 1992 心理学(上) 岩波書店

Jung, C.G. 1921／高橋義孝訳 1970 ユング著作集1 人間のタイプ 日本教文社

Lewis, M., & Brooks-Gunn, J. 1979 *Social cognition and the acquisition of self*. Plenum Press.

Luft, J. 1969 *Of human interaction*. Palo Alto : National Press.

Mead, G. H. 1934／稲葉三千男ほか訳 1973 精神・自我・社会 青木書店

宮沢秀次 1998 自己意識にかかわるメンタルヘルス 落合良行編 こころの彷徨 日本文化科学社

■15章 知の働き

Cattell, R. B. 1963 Theory of fluid and crystallized intelligence: A critical experiment. *Journal of Educational Psychology*, **54**, 1-22.

Guilford, J. P. 1967 *The nature of human intelligence*. New York: McGraw Hill.

花沢成一・佐藤 誠・大村政男 1998 心理検査の理論と実際(第Ⅳ版) 駿河台出版社

下仲順子 1997 老年心理学 培風館

辰野千寿 1995 新しい知能観に立った知能検査基本ハンドブック 図書文化

Tversky, A., & Kahneman, D. 1982／中島 実 1997 思考—考えることのしくみ— 北尾倫彦・中島 実・井上 毅・石王敦子 グラフィック心理学

Thurstone, L. L. 1938 *Primary mental abilities*. University of Chicago Press.

Wason, P. C. 1966／中島 実 1994 演繹推理 多鹿秀継編 認知と思考—思考心理学の最前線— サイエンス社

■16章 知の障害

平松京一監修 2000 新・画像診断のために解剖図譜(1)脳神経 メディカルビュー社

柄澤昭秀 1981 老人のぼけの臨床 医学書院

加藤伸司・長谷川和夫・下垣 光 1991 改訂版長谷川式知能評価スケール(HDR-S)の作成 老年精神医学, **2**, 1339-1347.

近藤　勉　2001　よくわかる高齢者の心理　ナカニシヤ出版
目黒謙一・佐々木英忠・福田　實・伊藤正敏　1992　老年期痴呆の診断と治療　中央法規出版
中里克治　1993　老人の知能のアセスメント　上里一郎監修　心理アセスメントハンドブック　西村書店　328-353.
日本老年行動科学会監修　2000　高齢者の「こころ」事典　中央法規
岡田喜篤　1992　精神薄弱　氏原　寛ほか共編　心理臨床大辞典　培風館
The American Psychiatric Association　1994／高橋三郎・大野　裕・染谷俊幸訳　1996　DSM-IV　精神疾患の診断・統計マニュアル　医学書院
World Health Organization　1992／融　道男・中根　文・小宮山実監訳　ICD-10　精神および行動の障害　臨床記述と診断ガイドライン　医学書院
柚木　馥・白崎研司　1998　精神遅滞　平山宗弘ほか編　現代子ども大百科　中央法規出版

■ 17章　育つ道筋
東　洋　1969　知的行動とその発達　桂　広介ほか監修　児童心理学講座4　認識と思考　金子書房
Gesell, A. L., & Ilg, F. L. 1943／依田　新・岡　宏子訳　1954　乳幼児の発達と現代の文化―その発達と指導―　大日本図書
Gesell, A. L., & Thompson, H. 1929 Learning and growth in identical twins: An experimental study by the method of co-twin control. *Genetic Psychology Monograph*, **6**, 1-124.
Gottschaldt, K. 1939 Erbpsychologie der Elementalfunktionen der Begabung. In G. Just(Ed.), *Handbuch der Erbbiologie des Menschen*. Springer.
Hess, E. H. 1958 "Imprinting" in animals. *Scientific American*, **198**(3), 81-90.
Havighurst, R. J. 1953／荘司雅子監訳　1995　人間の発達課題と教育　玉川大学出版部
大野木裕明・宮沢秀次・二宮克美　1990　サイコロジー　教養課程の心理学　協同出版　178-189.
Sameroff, A. J. 1975 Early influences on development :Fact or fancy? *Merill Palmer Quarterly*, **21**, 267-294.
田島信元　1999　発達心理学　中島義明ほか共編　心理学辞典　有斐閣
Werner, H. 1957 The concept of development from a comparative and organismic point of view. In D. B. Harris(Ed.), *The concept of development*. University of Minnesota Press.

■ 18章　思考・言葉の発達
村田孝次　1986　児童心理学入門(改訂版)　培風館
野呂　正　1983　幼児心理学　朝倉書店
Piaget, J. 1923／大伴　茂訳　1965　児童の自己中心性(臨床児童心理学Ⅰ)　同文書院
Piaget, J., & Inhelder, B. 1948 La représentation de l'espace chez l'enfant. Presses Universtaires de France.
Vygotsky, L. S. 1934／柴田義松訳　1962　思考と言語(上・下)　明治図書

■19章　社会性の発達

Ainsworth, M. D. S., Blehar, M. C., & Waters, E., & Wall, S.　1978　*Patterns of attachment: A psychological study of the strange situation.* Erlbaum.

東　洋・柏木恵子・R. D. ヘス　1981　母親の態度・行動と子どもの知的発達―日米比較研究―　東京大学出版会

Bowlby, J.　1969／黒田実郎ほか訳　1991　母子関係の理論Ⅰ　愛着行動　岩崎学術図書出版社

Bowlby, J.　1973／黒田実郎ほか訳　1991　母子関係の理論Ⅱ　分離不安(改訂新版)　岩崎学術図書出版社

Bowlby, J.　1980／黒田実郎ほか訳　1991　母子関係の理論Ⅲ　対象喪失(改訂新版)　岩崎学術図書出版社

Goldstein, A. P., Spratkin, R. P., Gershaw, N. J., & Klein, P.　1980／菊池章夫・堀毛一也訳　1994　社会的スキルとは　菊池章夫・堀毛一也編　1994/1995　社会的スキルの心理学　川島書店　1-22.

繁多　進　1987　愛着の発達　大日本図書

Hartup, W. W.　1992　Friendships and their developmental significance. In H. Mcgurk(Ed.), *Childhood social development: Contemporary perspectives.* Erlbaum.

Main, M., & Solomon, J.　1990　Procedures for identifying infants as disorganized／disoriented during the Ainsworth Strange Situation. In M. T. Greenberg, D. Cicchetti, & E. M. Cummings(Eds.), *Attachment in the preschool years : Theory, research, and intervention.* The University of Chicago Press. 121-160.

Selman, R. L., & Schultz, L. H. 1990／大西文行監訳　1996　ペア・セラピィ――どうしたらよい友だち関係がつくれるかⅠ　北大路書房

庄司一子　1994　子どもの社会的スキル　菊池章夫・堀毛一也(編)　1994/1995　社会的スキルの心理学　川島書店　201-218.

Sullivan, H. S.　1953／中井久夫・山口　隆訳　1976　現代精神医学の概念　みすず書房

山岸明子　1998　社会性の発達　詫摩武俊(監修)　性格心理学ハンドブック　福村出版　418-421.

■20章　思いやるこころ

Eisenberg, N., & Fabes, R. A.　1998　Prosocial development. In N. Eisenberg(Ed.), *Handbook of Child Psychology* (5th ed.) Vol. 3. New York: Wiley. 701-778.

Eisenberg, N.　1986　*Altruistic emotion, cognition, and behavior.* Hillsdale: Lawrence Erlbaum Associates.

Gilligan, C.　1982／岩男寿美子監訳　1986　もうひとつの声―男女の道徳観のちがいと女性のアイデンティティ　川島書店

Hoffman, M. L.　2000／菊池章夫・二宮克美訳　2001　共感と道徳性の発達心理学―思いやりと正義とのかかわりで　川島書店

Kohlberg, L.　1976　Moral stages and moralization: The cognitive-developmental approach. In T. Lickona(Ed.), *Moral development and behavior: Theory, research, and social issues.* New York:

Holt, Reinhart & Winston.

Staub, E. 1970 Child on distress: The influence of age and number of witnesses on children's attempts to help. *Journal of Personality and Social Psychology*, **14**, 130-140.

Turiel, E. 1983 *The development of social knowledge: Morality and convention.* Cambridge: Cambridge University Press.

■21章　自我の発達

Erikson, E. H. 1959／小此木啓吾訳編　1973　自我同一性　誠信書房

Erikson, E. H. 1950／仁科弥生訳　1977　幼児期と社会　みすず書房

Marcia, J. E. 1966 Development and validation of ego-identity status. *Journal of Personality and Social Psychology*, **3**, 551-558.

二宮克美　2004　同一性の危機　子安増生・二宮克美編　キーワードコレクション発達心理学［改訂版］　新曜社

西平直喜　1979　青年期における発達の特徴と教育　岩波講座　子どもの発達と教育6　岩波書店

岡本祐子　1994　成人期における自我同一性の発達過程とその要因に関する研究　風間書房

岡本祐子　1999　アイデンティティ　児童心理学の進歩　日本児童研究所編　vol.38　金子書房　188-211.

岡本祐子　2002　アイデンティティ生涯発達論の射程　ミネルヴァ書房

鑪幹八郎　2002　アイデンティティとライフサイクル論　ナカニシヤ出版

■22章　人を知る

Asch, S. E. 1952 *Social psychology.* New York : Prentice Hall.

Heider, F. 1958／大橋正夫訳　1978　対人関係の心理学　誠信書房

今川民雄　1988　対人知覚と社会的認知　斉藤　勇編　対人社会心理学重要研究集5　対人知覚と社会的認知の心理　誠信書房　1-55.

Schlosberg, H. 1952 The description of facial expressions in terms of two dimensions. *Journal of Experimental Psychology*, **44**, 229-237.

■23章　魅力あるひと

Aronson, E., & Linder, D. 1965 Gain and loss of esteem as determinants of interpersonal attractiveness. *Journal of Experimental Social Psychology*, **1**, 156-172.

Byrne, D., & Nelson, D. 1965 Attraction as a function of proportion of positive reinforcement. *Journal of Personality and Social Psychology*, **1**, 659-663.

Festinger, L., Schacter, S., & Back, K. W. 1963 *Social pressures in informal groups.* Stanford : Stanford University Press.

Kenrick, D. T., & Johnson, G. A. 1979 Interpersonal attraction aversive environments : A problem for classical conditioning paradigm. *Journal of Social Psychology*, **37**, 572-579.

奥田秀宇　1980　対人魅力　古畑和孝編　人間関係の社会心理学　サイエンス社　91-117.

Schacter, S. 1959 *The psychology of affiliation : Experimental studies of the sources of gregariousness*. Stanford : Stanford University Press.

■24章　態度が変わる

深田博巳　1983　無関連恐怖喚起状況下における説得促進効果　実験社会心理学研究，**23**，83-90.

牧野幸志　1999　説得に及ぼすユーモアの種類と量の効果　感情心理学，**6**，1-16.

岡本真一郎　2002　説得と言語スタイル　深田博己編　説得心理学ハンドブック―説得コミュニケーション研究の最前線　北大路書房　91-134.

Rosenberg, M. J., & Hovland, C. I. 1960 Cognitive, affective, and behavioral components of attitude. In C. I. Hovland & M. J. Rosenberg(Eds.), *Attitude organization and change*. New Haven : Yale University Press. 1-14.

■25章　人と集う

Asch, S. E. 1955 Opinions and pressure. *Scientific Americans*, **193**. 31-35.

三隅二不二　1960　集団決定の効果に関する実験的研究　福岡県選挙管理委員会編　公明選挙運動の効果の測定　82-95.

■26章　役割を担う

柏木惠子　1973　現代青年の性役割の習得　大西誠一郎編　現代青年の性意識　金子書房　161-139.

三隅二不二　1982　リーダーシップとは何か―リーダーシップの科学―　サイコロジー　No.25　サイエンス社　12-19.

Mead, M. 1935 *Sex and temperament in three primitive societies*. New York : Morrow.

村田孝次　1983　三訂版　教養の心理学　培風館

NHK世論調査部編　1991　現代日本人の意識構造第3版　日本放送出版協会

■27章　大衆のこころ

池内　一　1968　集合行動　八木　冕編　心理学Ⅱ　培風館　310.

自由国民社編　2008　現代用語の基礎知識2008年版　自由国民社

Milgram, S. , Bickman, L., & Berkowitz, L. 1969 Note on the drawing power of crowds of different size. *Journal of Personality and Social Psychology*, **13**, 79-82.

Morris, D. 1977／藤田統訳　1980　マンウォッチング　小学館

Rogers, E. M., & Shoemaker, F. F. 1970 *Communication of innovations*. New York : Free Press.

高橋郁男　1982　パニック人間学　朝日新聞社

宇野善康　1977　普及過程　池内　一編　講座社会心理3　集合行動　東京大学出版会　87-120.

■課題

DuBois, D. L., Felner, R. D., Brands., Phillips, R. S. C., & Lease, A. M. 1996 Early adolescent self-esteem : A developmental-ecological framework and assessment strategy. *Journal of Research on Adolescence,* **6**, 543-579.

寺崎正治・古賀愛人・岸本陽一　1991　多面的感情尺度・短縮版の作成　日本心理学会第55回大会発表論文集，435.

社団法人日本心理学会倫理綱領

　日本心理学会では，会員に対して倫理綱領を周知し，遵守することを求めている。

前文

　社団法人日本心理学会会員は，すべての人間の基本的人権を認め，これを侵さず，人間の自由と幸福の追求の営みを尊重し，また，人間以外の動物についてもその福祉と保護に留意し，心理学における学術的活動とそれに関連する諸活動にたずさわる。このため，社団法人日本心理学会会員は，心理学の専門家としての自覚を持ち，自らの行為に対する責任を持たなければならない。そして他者がこのような規準を侵したり，また自らの行為が他者によって悪用されることを黙認してはならない。

　以上の主旨に基づき以下の条項を定める。

1. 責任の自覚

　本学会の会員は自らの研究・実践活動が個人や社会に対して影響のあることを自覚し，自らの活動は個人の幸福と福祉及び社会への貢献をめざしたものでなければならない。そのためには常に自己研鑽につとめ，資質と技能の向上を図らねばならない。

2. 人権の尊重

　本学会の会員は研究・実践活動の対象となる他者や動物に対して，常にその尊厳を尊重しなければならない。

　1) 個人のプライバシーや社会的規範を侵す行為をしてはならない。
　2) 精神的・身体的危害を加えることをしてはならない。
　3) 動物研究に関しては，動物が人間の共存者との認識をもち，適切な生育環境を確保しなければならない。

3. 説明と同意

　実験，調査，検査，臨床活動などを行うとき，その対象者に充分な説明をし文書又は口頭で同意を得なければならない。

　1) あらかじめ説明を行うことができない場合には，事後に充分な説明をする。

 2）対象者が判断できない場合には，対象者に代わり得る責任のある者の判断と同意を得る。
 3）対象者の意志で参加を途中で中断あるいは放棄できることを事前に説明する。

4. 情報の管理

 本学会の会員は得られた情報については厳重に管理し，みだりに他に漏らしてはならない。また情報は，本来の目的以外に使用してはならない。

5. 公表に伴う責任

 公表に際しては，専門家としての責任を自覚して行わねばならない。
 1）個人のプライバシーを侵害してはならない。
 2）研究のために用いた資料等については出典を明記する。
 3）共同研究の場合，公表する際には共同研究者の権利と責任を配慮する。
 4）公的発言・広告・宣伝などで，社会に向けて公表する場合には，心理学的根拠に基づいて行い，虚偽や誇張のないようにする。

人名索引

あ

アーノルド：Arnold, M. B.　47
アイゼンク：Eysenck, H. J.　53
アイゼンバーグ：Eisenberg, N.　96, 98
東　洋　86, 93
アダムス：Adams, M. J.　33
アックス：Ax, A. F.　49
アッシュ：Asch, S. E.　107, 121, 122
アトキンソン：Atkinson, R. C.　24, 25
アルツハイマー：Alzheimer, A.　77
アロンソン：Aronson, E.　112
池内　一　130
今川民雄　109
インガム：Ingham, H.　68
ウィッシュ：Wish, M.　108, 109
ウェイソン：Wason, P. C.　75
ウェクスラー：Wechsler, D.　74
植松　正　31
ウェルトハイマー：Wertheimer, M.　1, 12
ウェルナー：Welner, H.　82
ウォーフ：Whorf, B. L.　17
ウォルスター：Walster, G. W.　111
内田勇三郎　58
宇野善康　129
ヴント：Wundt, W.　1
柄澤昭秀　79
エインズワース：Ainsworth, M. D. S.　91, 92
榎本博明　67
エビングハウス：Ebbinghaus, H.　15
エリクソン：Erikson, E. H.　101, 102, 105
大野木裕明　23
大橋正夫　109
岡本真一郎　116
岡本祐子　103, 104, 105

奥田秀宇　111
苧阪満里子　27, 28
オルポート：Allport, G. W.　50, 123

か

ガードナー：Gardner, H.　73
カーネマン：Kahneman, D.　75, 76
カーマイケル：Carmaicheal, L.　31
柏木惠子　126
カニッツア：Kanizsa, G.　12
川幡政道　25
岸本陽一　53
北尾倫彦　26
ギブソン：Gibson, J. J.　17
キャッテル：Cattell, R. B.　52, 73, 74
キャノン：Cannon, W. B.　34, 45
ギリガン：Gilligan, C.　99
ギルフォード：Guilford, J. P.　73
キンブル：Kimble, G. A.　12
クーリー：Cooley, C. H.　67
グッドマン：Goodman, L.　18
クレッチマー：Kretschmer, E.　51
クレペリン：Kraepelin, E.　58, 62
ゲゼル：Gesell, A. I.　85
ケラー：Keller, F. S.　21
ケンリック：Kenrick, D. T.　111
ゴールドスタイン：Goldstein, A. P.　95
コールバーグ：Kohlberg, L.　98, 99, 100
コスタ：Costa, P. T.　53
ゴットシャルト：Gottschaldt, K.　86

さ

サーストン：Thurstone, L. L.　72, 73
酒井邦嘉　7

158　索　引

サメロフ：Sameroff, A. J.　　85, 86
サリヴァン：Sullivan, H. S.　　94
ザンダー：Sander, F　　15
ジェームズ：James, W.　　1, 45, 66, 67
シェロスバーグ：Schlosberg, H.　　107
ジェンキンス：Jenkins, J. G.　　29
ジェンセン：Jensen, A. R.　　86
塩見邦雄　　53
下仲順子　　53, 74
シャクター：Sehachter, S.　　113
シャクター：Shachter, S.　　45, 47
シャルコー：Charcot, J. M.　　65
シューメーカー：Shoemaker, F. F.　　129
シュプランガー：Spranger, E.　　52
シュルツ：Schultz, L. H.　　94
荘司雅子　　84
庄司一子　　95
白佐俊憲　　83
白崎研司　　80
シンガー：Singer, J.　　45, 47
スキナー：Skinner, B. F.　　13, 19, 21
スタウブ：Staub, E.　　97
住田勝美　　58
セリエ：Selye, H.　　43
セルマン：Selman, R. L.　　94

た

高橋郁男　　133
詫摩武俊　　51
田島信元　　82
辰野千尋　　72
田中正敏　　43
ダレンバック：Dallenbach, K. M.　　29
チュリエル：Turiel, E.　　98, 99
ツェルナー：Zollner, F.　　15
辻岡美延　　56
辻平治郎　　53, 54
デュボア：DuBois, D. L　　140
寺崎正治　　138
トヴァスキー：Tversky, A.　　75, 76

時実利彦　　8
トンプソン：Thompson, H.　　85

な

中島　実　　75, 76
西平直喜　　102
ニッカーソン：Nickerson, R. S.　　33
ニューカム：Newcomb, T. M.　　109
ネルソン：Nelson, D.　　111
野島一彦　　59
野呂　正　　89

は

バーコヴィッツ：Berkowitz, L.　　132
パーソンズ：Parsons, T.　　128
ハータップ：Hartup, W. W.　　94
ハーツバーグ：Herzberg, F.　　38
バード：Bard, P.　　45
バーン：Byrne, D.　　111
ハイダー：Heider, F.　　108, 109, 112
ハヴィガースト：Havighurst, R. J.　　83, 84
バッドリー：Baddeley, A. D.　　25, 27, 28
花沢成一　　73
パブロフ：Pavlov, I. P.　　2, 20
繁多　進　　92
バンデューラ：Bandura, A.　　22, 23, 54
ピアジェ：Piaget, J.　　87, 88, 90, 98, 99
ヒギンズ：Higgins, E. T.　　69
ビックマン：Bickman, L.　　132
ビネー：Binet, A.　　72
ヒポクラテス：Hippocrates　　51
兵藤恵子　　33
平松京一　　78
フェイブス：Fabes, R. A.　　96
フェスティンガー：Festinger, L.　　109, 110, 118
フォルクマン：Folkman, S.　　44
深田博巳　　117
藤田　統　　49, 130
藤田　勉　　21

藤田直子　21
ブラウン：Brown, M.　8
フランクル：Flankl, V. E.　60
ブリッジェス：Bridges, K. M. B.　47
ブルーナー：Bruner, J. S.　18
プルチック：Plutchik, R.　47, 48
ブルックス－ガン：Brooks-Gunn, J.　67
フロイト：Freud, S.　65, 70, 71, 81, 105
ブロイラー：Bleuler, E.　62
ブロック：Block, J.　55
ベクストン：Bexton, W. H.　36
ヘリング：Hering, K. E. K.　15
ヘロン：Heron, W.　36
ヘンダーソン：Henderson, V.　37
ホヴランド：Hovland, C. I.　115
ボウルヴィ：Bowlby, J.　91
ホーナー：Horner, M. S.　36
ホームズ：Holmes, T. H.　43
ボーリング：Boring, E. G.　11
ホーン：Horn, J. L.　74
ポッゲンドルフ：Poggendorff, J. C.　15
ホフマン：Hoffman, M. L.　99
堀野　緑　37
堀　洋道　2

ま
マーシャ：Marcia, J. E.　103
牧野幸志　117
マズロー：Maslow, A. H.　36, 37, 38, 39, 59
マックレー：McCrae, R. R.　53
マレー：Murray, H. A.　36, 57
ミード：Mead, G. H.　67
ミード：Mead, M.　127
三隅二不二　122, 123, 125, 126
宮沢秀次　69
ミュラー・リヤー：Müller-Lyer, F. C.　15
ミラー：Miller, G. A.　11, 26

ミルグラム：Milgram, S.　132
村上宣寛　53
村田孝次　16, 21, 88
目黒謙一　76
モーガン：Morgan, C. D.　57
本明　寛　57
モリス：Morris, D.　3, 49, 130
森野礼一　33
モレノ：Moreno, J. L.　120

や
ヤーキース：Yerkes, R. M.　20
八木　冕　49
山岸明子　94
柚木　馥　80
ユング：Jung, C. G.　51, 71, 81

ら
ラザラス：Lazarus, R. S.　44, 45, 46
ランゲ：Lange, C.　45
リンダー：Linder, D.　112
ルイス：Lewis, M.　67
ルビン：Rubin, E.　11
ルフト：Luft, J.　68
レイ：Rahe, R. H.　43
レヴィン：Lewin, K.　40, 54
ローゼンツァイク：Rosenzweig, S.　57
ローゼンバーク：Rosenberg, M. J.　115
ロールシャッハ：Rorschach, H.　57
ローレンツ：Lorenz, K. Z.　83
ロジャーズ：Rogers, E. M.　129
ロジャーズ：Rogers, C. R.　59, 63

わ
ワイナー：Weiner, B.　38, 39
ワグナー：Wagenar, W. A.　32
ワトソン：Watson, J. B.　1, 85

事項索引

あ

ICD-10　61, 62, 80
アーノルドの分類　47
愛着　91
アイデンティティ　102
　——拡散　104
　——達成　103
　——のラセン式発達モデル　104
アタッチメント　91
　——パターン　91
アルツハイマー型痴呆　77
暗黙裡のパーソナリティ理論　108
意見　115
意志決定過程　130
1語文　90
一次的評価　45
一面的コミュニケーション　116
遺伝　85
意図的行動　106
意味への意志　60
因子分析　134
印象形成　107
隠蔽領域　68
WISC-Ⅲ　74, 81
WAIS-R　73, 74
WPPSI　74
内田-クレペリン精神作業検査　58
うつ病性障害　62
運動野　7
HDS-R　78
FFPQ　56
MRI　78
MMPI　56
M機能　126

援助行動　96
延髄　7
演繹推理　75
奥行き知覚　14
オペラント行動　19
オペラント条件づけ　21
思いやり　96

か

快ストレス　43
海馬　7
外発的動機づけ　35
回避-回避のコンフリクト　40
開放領域　68
書き言葉　90
学習　19, 85
学習説　85
学童期　101
獲得的要因　19
学力検査　4
仮現運動　16
過去自己　67
仮説演繹的思考　88
価値的基準　60
葛藤　40
可能自己　65
彼ら集団　120
感覚運動期　88
感覚記憶　25
感覚器官　5
感覚希求動機　35
感覚遮断実験　36
感覚野　7
観客効果　119

環境　85
観察法　3
感情　45
干渉説　29
寛大効果　108
間脳　7
顔面神経　6
顔面表情　107
記憶的因子　73
帰納的因子　73
記銘　24
きめの勾配　15
客我　66
逆向干渉　29
キャノン・バード説　45
教育心理学　2
共感性　99
供述の信頼性　31
共同関係　94
均衡理論　108
近接の要因　12
クーイング　89
空間的因子　73
具体的操作期　88
クライエント中心療法　63
グリア細胞　6
群集　131
警告期　43
形式的操作期　88
ゲシュタルト心理学　1
血縁的自己　67
結晶性知能　74
原因帰属　38
言語的行動　106
言語理解の因子　73
検索　24
検索失敗説　30
現実自己　67
現代心理学の各分野　2
交感神経　6

公式集団　120
向社会的行動　96
恒常性　13
後頭葉　7
光背効果　108
コーピング　44
呼吸系　48
刻印づけ　83
個人的無意識　71
個体発生的観点　47
語の流暢さの因子　73
コミュニケーション構造　121
コンフリクト　40

さ

罪悪感　100
再生法　24
再認法　24
作業検査法　58
錯視　14
躁うつ病　62
GSR　48
ジェームズ・ランゲ説　45
シェマ　87
自我　70
色相　16
刺激　10
刺激・刺激事態　46
刺激閾　10
刺激頂　10
自己　66
自己意識　67
自己開示　68
自己概念　67
自己効力　39
自己実現している人々　59
自己評価　68
視床下部　7
自然的観察法　4
自尊感情　68

実験心理学　2
実験的観察　4
実験法　4
失敗回避動機　36
質問紙法　4, 55
ＣＴ　78
自伝的記憶　32
自動運動　16
社会心理学　2
社会的慣習　99
社会的交換理論　110
社会的自己　67
社会的視点取得　100
社会的視点取得能力　94
社会的スキル　95
社会的促進　119
社会的手抜き　119
社会的動機　36
社会的望ましさ　107
社会的役割　124
シャクター・シンガー説　45
集合的無意識　71
従属変数　134
集団　119
集団圧力　122
集団規範　119
集団凝集性　121
集団決定　122
集団の極化現象　123
十分に機能する人　59
重要な他者　69
主我　66
主観的輪郭線　12
循環系　48
準拠集団　120
順向干渉　29
順応　10
消化・排泄系　49
条件づけ　20
情緒障害　62

情緒的サポート　95
情緒的説得　117
小脳　7
書記言語　90
初期成人期　101
初頭効果　107
ジョハリの窓　68
自律神経　6
人格障害　60
新近効果　105
神経系　6
神経細胞　5, 6
神経症　61
神経性習癖　63
身体的自己　67
新皮質系　6
信憑性　116
信頼性　4, 55
心理学　1
心理検査　55
　──法　4
心理的反発　118
心理テスト（検査）　4
親和動機　113
水晶体の調節　14
推理　19
数的因子　73
スキーマ　32
スクリプト　32
図と地の分化　11
ストレス　43
ストレッサー　43
ストレンジ・シチュエーション　91
スリーパー効果　116
斉一性への圧力　122
成功回避動機　36
成熟期　101
成熟優位説　85
成人期　101
精神遅滞　81

精神的健康　59
精神的自己　67
性動機　35
生得的要因　19
青年期　101
性役割　126
　　——観　126
　　——行動　126
　　——同一性　126
勢力　121
勢力構造　121
舌咽神経　6
接近—回避のコンフリクト　40
接近—接近のコンフリクト　40
説得　116
線遠近法　15
宣言的記憶　27
前操作期　88
前頭葉　7
相関係数　134
想起　24
早期幼児期　101
双極性障害　62
相互作用説　86
走性　19
側頭葉　7
ソシオグラム　121
ソシオメトリー　120
ソシオメトリック構造　121

た

対人認知　106
対人魅力　110
態度　47, 115
　　——変容　116
大脳　7
大脳皮質　7
大脳皮質の分業体制　8
大脳辺縁系　6
田研・田中ビネー検査　81

達成動機　36
妥当性　4, 55
田中B式知能検査　72
単一要因説　85
単眼運動視差　16
短期記憶　25
知覚的因子　73
知覚の体制化　11
知能検査　4, 74
知能指数　74
知能の定義　72
痴呆　77
チャンク　26
中心的特性　108
中枢神経系　6
中脳　7
長期記憶　27
調査法　4
調節　87
貯蔵　24
TEG　56
DSM-Ⅳ　60, 81
TAT　57
t 検定　134
抵抗期　44
適応機制　42
適刺激　10
適性検査　4
手続き的記憶　27
デマ　133
当為自己　67
動因　34
投影法　56
同化　87
動眼神経　6
動機　34, 47
動機づけ　34
道具的機能　128
統計的な基準　60
統合失調症　62

同調行動　122
頭頂葉　7
道徳性　98
特性論　52
独立変数　134

な
内発的動機づけ　35
喃語　90
二次的評価　45
日常生活ストレス　43
乳児期　101
認知的不協和　118
　──理論　109
脳・脊髄神経　6
脳幹　7
脳幹脊髄系　6
脳血管性痴呆　77

は
パーソナリティ　50
　──・ディスオーダー　60
　──検査（性格検査）　4
ハーツバーグの2要因理論　38
発達課題　83
発達検査　4
発達段階　83
パニック　132
ハロー効果　108
反射　19
反社会的行動　62
汎適応症候群　43
非意図的行動　106
PFスタディ　57
PM理論　126
P機能　126
非言語的行動　106
非公式集団　120
非社会的行動　63
ビッグ・ファイブ　53

疲憊期　44
表出的機能　128
標準偏差　134
病理学的基準　60
ファイ現象　16
ブーメラン効果　118
フォアクロージャー　104
普及過程　129
輻輳説　85
符合化　24
不正構音　90
物質的自己　67
フラストレーション　41
　──・コンフリクト　46
　──耐性　42
　──反応　41
フラッシュバルブ記憶　32
プルチックの分類　47
プレグナンツの原理　12
分化と統合　82
分散分析　134
平均　134
閉合の要因　12
ベンダー・ゲシュタルト・テスト　58
ヘンダーソンの要求理論　37
弁別閾　10
防衛機制　42
忘却　29
包装効果　108
保持　24
保存　88
ホメオスタシス　34
本能　19

ま
末梢神経系　6
未知領域　68
明暗　16
迷走神経　6
命名効果　30

免疫理論　118
面接法　4
盲点領域　68
目標　34
モチベーション　34
モデリング　22
モラトリアム　103
問題解決　74

や
役割　124
役割葛藤　124
役割期待　124
役割遂行　125
役割知覚　124
誘因　34
遊戯期　101
誘導運動　17
指さし行動　90
欲求　34
　——の階層性モデル　38

ら
ライフサイクル　101
ラザラス説　45

リーダー　125
リーダーシップ　126
理想自己　67
リビドー　51
流言　133
流行　130
流動性知能　73
両眼視差作用　14
両眼の輻輳説　14
両面的コミュニケーション　116
臨界期　83
臨床心理学　2
リンダ問題　75, 76
類型論　51
類似性　112
類同の要因　12
レスポンデント行動　19
レスポンデント条件づけ　20
連合野　7
ロールシャッハテスト　57

わ
Y-G性格検査　56
ワーキングメモリ　27, 28
われわれ集団　120

執筆者一覧（【　】内は執筆担当箇所）

宮沢秀次（みやざわ・しゅうじ）　【22, 23, 24, 25, 26, 27, 課題4, 5】
　　最終学歴：名古屋大学大学院教育学研究科博士後期課程満期退学（1980年）
　　元名古屋経済大学人間生活科学部教授
　　主要著作：『調査実験自分でできる心理学』（共編）ナカニシヤ出版
　　　　　　　『自分でできる心理学―問題集―』（共著）ナカニシヤ出版
　　　　　　　『エッセンシャルズ教育心理・生徒指導・教育相談』（共著）福村出版

二宮克美（にのみや・かつみ）　【11, 12, 13, 18, 20】
　　最終学歴：名古屋大学大学院教育学研究科博士後期課程満期退学（1980年）
　　愛知学院大学総合政策学部教授
　　主要著作：『キーワードコレクション発達心理学（改訂版）』（共編）新曜社
　　　　　　　『子どもの道徳的自律の発達』（共著）風間書房
　　　　　　　『青年心理学事典』（共編）福村出版
　　　　　　　『性格心理学ハンドブック』（共編）福村出版

大野木裕明（おおのぎ・ひろあき）　【1, 2, 5, 6, 7, 8, 15, 課題1】
　　最終学歴：名古屋大学大学院教育学研究科博士後期課程満期退学（1980年）
　　福井大学名誉教授
　　主要著作：『テストの心理学』　ナカニシヤ出版
　　　　　　　『生徒指導と学校カウンセリング』（共編）　ナカニシヤ出版
　　　　　　　『フリーター（現代のエスプリNo.427）』（共編）　至文堂

松岡陽子（まつおか・ようこ）　【14, 19】
　　最終学歴：早稲田大学大学院人間科学研究科博士課程満期退学（2002年）
　　元大同大学教養部准教授
　　主要著作：『幼児・児童期の教育心理学』（共著）学術図書出版社

山本ちか（やまもと・ちか）　【9, 16, 21, 課題3】
　　最終学歴：愛知学院大学大学院文学研究科博士課程後期満期退学（2003年）
　　名古屋文理大学短期大学部教授

稲葉小由紀（いなば・こゆき）　【3, 4, 10, 17, 課題2】
　　最終学歴：愛知学院大学大学院総合政策研究科博士課程後期満期退学（2004年）
　　元神戸学院大学人文学部助手
　　主要著作：『恥の教育の提案』（共著）　教育と医学　慶應義塾大学出版会

ガイドライン
自分でできる心理学

2004年4月20日　初版第1刷発行
2022年3月15日　初版第16刷発行

定価はカヴァーに表示してあります。

編　者　宮沢　秀次
　　　　二宮　克美
　　　　大野木裕明
出版者　中西　　良
出版社　株式会社ナカニシヤ出版
　〒606-8161　京都市左京区一乗寺木ノ本町15番地
　　　　　　　Telephone　075-723-0111
　　　　　　　Facsimile　075-723-0095
　　　　Website　http://www.nakanishiya.co.jp/
　　　　Email　iihon-ippai@nakanishiya.co.jp
　　　　　　　郵便振替　01030-0-13128

装丁＝白沢　正／印刷・製本＝ファインワークス
Printed in Japan.
Copyright © 2004 by S. Miyazawa, K. Ninomiya, & H. Ohnogi
ISBN978-4-88848-872-3

◎本書のコピー，スキャン，デジタル化等の無断複製は著作権法上での例外を除き禁じられています．本書を代行業者等の第三者に依頼してスキャンやデジタル化することは，たとえ個人や家庭内での利用であっても著作権法上認められておりません．